ロシアの歳時記

ロシア・フォークロアの会　なろうど編著

まえがき

どの民族にも一年を通しての季節の流れがあり、季節特有の祭日や催しがある。それらはその民族特有の季節感覚、習俗に深く結びついている。ここにお届けするのは、ロシア民衆の歳時記である。ロシアの一年をめぐる季節の流れとその季節感覚が節目の行事とエピソード、移ろう動植物相のたたずまいをまじえて描き出されている。民族の暦、季節感覚といったものは、ことさらに説明されないものの、民俗、社会、文学など文化のあらゆる位相の根底にあるものだ。ロシア文化の多くの側面が、暦を知ることでまた異なった姿を見せる。今のロシアで用いられている月名は、ピョートル大帝の暦の改革によってラテン語から借用されたものだが、それまでは季節感覚溢れるスラヴ語起源の月名が行われていたのである。これは現代でもウクライナなどでは用いられていて、たとえば、二月をリューティイ（厳寒月）、四月をクヴィテニ（花月）、五月をトラヴェニ（草月）、八月をセルペニ（鎌月）、十一月をリストパード（落ち葉月）などと呼んでいる。

民間暦はどの国でも、その国の基本的生業と密接に結びついている。ロシアにおいて人々が古くから従事してきたのは農耕と牧畜である。農耕暦の時間感覚と密接に結びついているのは、日照時間の消長を規定する太陽暦であり、ロシアの暦も基本的に太陽暦である。その結果ロシアの民間暦は、冬至に重なるクリスマスと夏至に重なるイワン・クパーラ（聖ヨハネ祭）を大きな節目とする。クリスマスとイワン・クパーラは日付が固定されている固定祭日だが、これに毎年日付が変わる移動祭日である復活祭とそれと連動して日付が決まるマースレニツァや聖霊降臨祭などの祭日が重なりあい、毎年の暦の構成が決まる。

ロシアの暦においても、キリスト教の一連の祭日が重要な位置を占めるが、民衆の間でその日に行われる行事の内容は、必ずしもキリスト教とは関わりがない。むしろ農作業のサイクルに密接に結びついており、それゆえそれらの行事はキリスト教の導入以前から行われていた、と考えられる。

さまざまな儀礼が集中し、ロシアの民間暦の中心をなすのは、こうして農事と密接に結びついた冬至から夏至までの期間となり、一年は大きく冬と夏に分けられる。このため一年の流れの中ではほぼ半年を隔てて同じ聖者の祭りが祝われることが多い。西欧では一度しか祝われない聖ゲオルギオス祭（ロシアの民間ではエゴーリイの日と呼ばれる）と聖ニコラオス祭（同様に、ニコラの日）がロシアでは二度祝われ、春のエゴーリイ（五月六日）・秋のエゴーリイ（十二月九日）あるいは冬のニコラ（十二月十九日）・春のニコラ（五月二十二日）と呼ばれるのは特徴的である。この二人の聖者が一年に二度祝われることは、ロシアにおいてこれらの聖者が強い崇拝を集めていることを示している。ちなみに逆に四年に一回、閏年《うるう》の二月二十九日にしか祝われない聖カシヤンは、祝われる回数がエゴーリイとニコラの八分の一となってしまい、そのためか民間では妖怪のイメージに転落している。

同様にクリスマスから洗礼祭前夜までの祝祭期間であるスヴャートキは、特に冬のスヴャートキと呼ばれ、初夏に祝われる聖霊降臨祭に先立つ一週間を夏のスヴャートキ、あるいは緑のスヴャートキと呼ぶ。このような暦の対称構造は、ロシア民間暦においては特に顕著である。

日照時間が増大していく冬至から夏至までは、植物の生育を助け、冬＝死を放逐するような象徴的儀礼が繰り返し行われるが、夏至に重なるイワン・クパーラ（聖ヨハネ祭）を過ぎるとそのような儀礼は行われなくなる。収穫が終わり戸外での農作業が終わると、女性は屋内の家内労働に従事し、男性は川での舟曳きなどの出稼ぎ仕事に出かけることになる。秋から冬にかけては未婚の男女のお見合パーティともいうべき夜会の時期になるのである。

一九一七年のロシア革命後の社会主義化は、社会的、経済的激変をもたらし、宗教文化の破壊や、社会主義の理念に基づく集団農場コルホーズの創設による農耕や牧畜の集団化、機械技術の進歩もあって、伝統的な祭日の行事の中の農耕や牧畜の具体的な作業に関わる要素は多くが失われることになった。さらに第二次世界大戦による農村の荒廃をきっかけとして、本書で記述されているような「古き良きロシア」の習俗は現在ではほとんど見られなくなった。ソ連時代にいくつかの伝統的な祭日、たとえばマースレニツァやセミークをそれぞれ「冬送り」、「白樺祭」という名の宗教色のない民俗的な祭りに改変して復活させようという試みがあったが、いずれも根付かないうちに一九九一年にソ連が崩壊し、伝統的なキリスト教の祭日が復活した。

他方、ソ連時代に生まれた新しい祭日で、現在まで祝われているものもある。三月八日の国際婦人デーや五月一日のメーデー、五月九日の対独戦勝記念日などがそうである。しかしこれらの祭日も民間暦の流れの中に置いてみれば、国際婦人デーは「春迎え」の、メーデーや対独戦勝記念日は、実質的な春の始まりを示す復活祭やエゴーリイの日の季節感を秘めている。こうして時代は移ろっても、本書に記されている歳時記が描き出す一年の流れの感覚は失われることなく、現在まで保たれているのである。

最後に本書で用いられている暦や用語について。

本書では、一九一七年のロシア革命まで使われていたユリウス暦ではなく、現代のロシアをふくめ、日本で現在使用されているグレゴリオ暦で日付を表示している。それぞれ旧暦、新暦と呼び、必要な時のみ旧暦＝ユリウス暦の日付を付記する。二つの暦には十三日のずれがあり、旧暦の一月一日は新暦では一月十四日にあたる。

行政単位を指す言葉として「県」と「州」とが併用されているが、ロシア革命にともなって名称の変更が行われたためである。革命前のことを話題にする場合「県」を、革命後の場合は「州」を用いている。

「名の日」ということばがよく出てくるが、これは人について言えば、その人の洗礼名（ニコライ、マリヤなど）と同じ名の聖者の祝日を言う。ロシアでは、これをその人の「名の日」と呼び、誕生日と同じように祝う。さらに民間で人以外の事物について言う場合（大地の「名の日」など）、単にその事物にまつわる祝日の意味となる。

本書は『ロシアの歳時記』と題されているが、この「ロシア」という地域概念について。本書ではこれをロシア人の居住域一般の意味で用いており、地理的には現在のロシア連邦にほぼ一致する。歴史的にはロシアの本来の領域はヨーロッパ・ロシアだったが、十六世紀に始まるシベリア植民の結果、ロシア人は極東に至る北ユーラシアの全域に広がった。この地域にはもともと多くの先住民が居住していたが、ロシア人は自らの宗教と習俗をこの地域の全域にもたらしたのである。

［伊東一郎］

ロシアの歳時記　目次

春　三月—五月　53

夏

秋

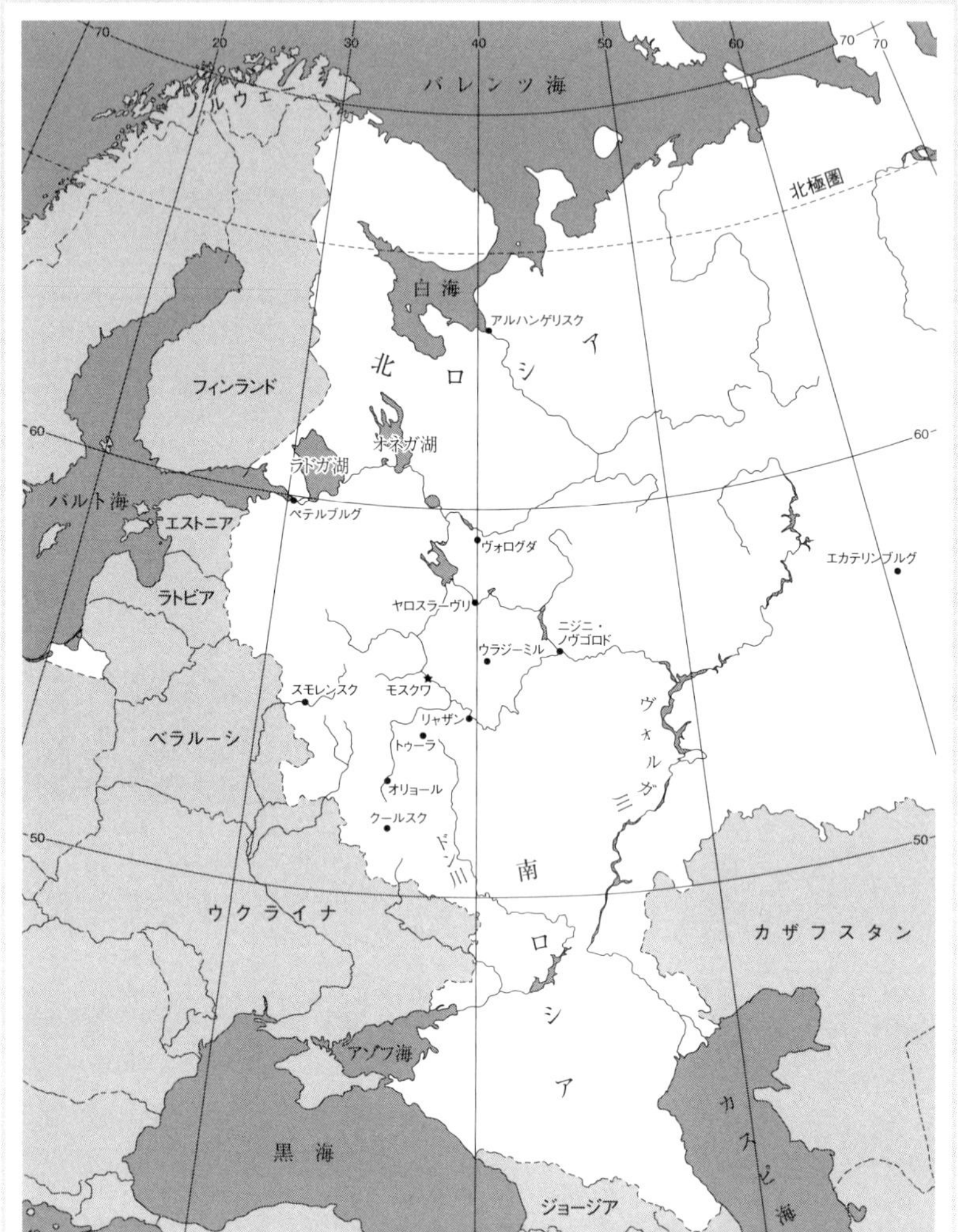

関連地図（ヨーロッパ・ロシア）

ロシアの歳時記

冬

十二月｜二月

十二月

冬のはじめ、太陽の位置は一年でもっとも低い。この時期の冬の天気はまだ不安定で、降雪と厳寒のあとに暖気がもどり、雨降りのことさえある。だが、どんなに秋が最後の頑張りをみせたところで、冬とはうまく折り合えない。北風が吹きまくり、地吹雪が晩秋の痕跡を一掃する。

大昔からロシアでは「そり道が定まらなければ、冬はない」といった。十二月四日の聖母進堂祭は本物の冬がはじまる日とされたが、実際は雪解け陽気になることも多かった。この日にモスクワでは毎年市がたち、にぎやかにそりが売られた。三頭立て（トロイカ）用、二頭立てに一頭用、ありとあらゆるそりがルビャンカ広場に運び込まれ、この日のあとはモスクワっ子の三分の一が新品のそりに乗ったという。

翌五日のプロコーピイの日は、しっかりした、いいそり道が定まる日とされ、村中総出で道に迷わないように道標を立てた。終わったあとは酒盛りだ。自家製ビールに共同で買った子羊を焼き、みんなで食べた。子どもたちは通りでお祭り騒ぎ。そりを乗り回したり、丘を滑り降りたり、雪合戦に興じたり、そこへ若者たちも加わって、夜も一緒に楽しんだ。中旬には春まで使える、堅牢なそり道ができあがる。

太陽は雲の向こうに隠れ、昼は短く、夜は長くなる。冬至になって、「太陽は夏に、冬は厳寒に」向かう。冬至を過ぎると空はより高く、より青さを増し、本物の冬がどっしりと腰を据える。

一月

厳寒の一月が軋《きし》みをあげる。日脚は伸びるが、寒さは増す。息をするのが苦しいほどの凍てつく寒さだ。「一月は冬の王様」とはよくいったものだ。厳寒と吹雪の本物の冬に、寒気はますます増してゆく。

この本物の冬のさなかにスヴャートキ（一月七日のクリスマスから一月十九日の洗礼祭前夜までの十二日間の祝祭期間）がある。この期間、じつにさまざまな占いが行われ、いろいろな予兆から未来を予知しようとした。子どもたち、また仮装した若者たちは家々を回って、家族の幸せを願って歌い、ご馳走や小銭をもらった。若者たちの集いがもたれ、歌と踊り、芝居、滑走台やそり遊び、村の通りは夜遅くまで仮装した若者たちの陽気なお祭り騒ぎの笑い声が響いた。もちろん、酒にご馳走と楽しみはつきない。旧暦ではスヴャートキ八日目に新年がやって来た。豚の守護者ワシーリイの日なので、年越しの食卓にはご馳走のほかに必ず、子豚の丸焼きが並んだ。豚は多産と幸せの象徴だった。そしてスヴャートキのあとには結婚式があって、お楽しみ続きだ。

雪が途切れることなく降り続き、森はまるで真っ白な大宮殿のようだ。酷寒の冬を生きぬくために木々は雪の外套に包まれて休眠に入った。雪は凍てから木々を守る役割をしているので、雪の少ない冬にはたくさんの木々が死んでしまう。

針葉樹の森の奥では、深く積もった雪の下の穴で月半ばころ、冬眠中の母ヒグマが小さな子グマを産み、春までずっと自分は何も食べずに乳で子を育てる。

鳥たちは冬眠しないので、エゾライチョウやクロライチョウたちは木から雪の上にダイビングしてもぐり込み、心地よい居場所を陣取って、ひもじくなると外に出てきて、木の芽などの餌を探す。

凍てても雪もまったく恐れずに、ヨーロッパトウヒ（イェーリ）の森を元気に飛び回り、巣づくりして、ヒナを育てる、驚くべき鳥がいる。日本で「イスカの嘴《はし》の食い違い」といわれるイスカだ。交差したくちばしでイスカはトウヒや松の球果から器用に餌の実をつつき出す。ロシアの森にイスカの餌は一年中いくらでも豊富にある。どうしてイスカが冬を恐れることがあるだろう。

二月

冬は頂点を越えた。だが二月上旬はひきつづき、厳寒の冬が支配する。「二月に友ふたり、吹雪と雪嵐」だ。大吹雪が荒れ狂い、何ひとつ見えなくなり、道は一瞬で雪に埋もれてしまう。この月初めの豊富な雪が、のちに大地をうるおし、作物にとって大切なお湿りとなる。

冬眠しない生き物たちにとっては一番ひもじく、恐ろしいのはこの月だ。生命を落とすものも少なくない。

二月十五日の迎接祭は、昔から冬が初めて春に出会う日として祝われた。子どもたちは雪堆《ゆきやま》に登って太陽に春を連れてきてくれるように呼びかけた。農民たちはこの日のさまざまな予兆から将来の天候、収穫を読み取ろうとした。「迎接祭の厳寒」とも「迎接祭の雪解け」ともいわれるが、この日は悪天候であることがこの年の収穫にとって吉であるとされた。

日照時間が延び、晴天なら、日は高く昇り、暖かささえ感じるようになる。昼間の雪解けのあと、夜、急激に寒くなり、凍てつき、雪の表面を氷の層がおおう。森で深い雪にもぐって、居心地よく過ごしていたクロライチョウやエゾライチョウたちは出口をなくし、閉じ込められ、頭上をおおう氷の層と格闘して、壊さないと出られない。木々を厳寒から守っていた雪の毛皮外套は水分を含んで重く凍りつき、木々をおびやかす。今や雪は木々や生き物にとって、危険なものとなった。

地上には日の光がより長く注がれるようになる。屋根の南側では滴《しずく》がたれ、氷柱《つらら》が下がってくる。シジュウカラとキアオジが元気いっぱいに春を告げる。

さあ、すぐに次のお楽しみ、マースレニツァがやって来る。マースレニツァは、復活祭の七週間前、大斎《たいさい》（精進期）に入る直前の、二月か三月に一週間催される。冬送りの祭りマースレニツァを陽気に、はめをはずして祝おう！

［小林清美］

新年について

ロシアの暦を考えるには、まず一年がいつ始まるか、新年がいつになるか、という問題を整理しておかねばならない。

太陽暦では、一年は大きく二つに分けられる。その目安は日照時間が最短となる冬至と最長となる夏至で、天文学的には、十二月二十一日あるいは二十二日と、六月二十一日あるいは二十二日である。キリスト教の祝祭では一月七日（旧暦十二月二十五日）のクリスマスと七月七日（旧暦六月二十四日）のイワン・クパーラ（聖ヨハネ祭）がほぼこれにあたる。

元来初期キリスト教では、旧暦一月六日に西方教会で公現祭、東方教会では洗礼祭と呼ばれる祭りがあり、これは復活祭、聖霊降臨祭とともにキリスト教最古の祝日の一つだった。この祝日は、東方からの三博士の来貢、イエスの受洗、カナにおけるイエスの最初の奇跡を通じて神が世に現れたことを記念する日であったが、東方教会ではキリストの降誕を兼ねて祝っていた。ローマでクリスマスが祝日として定められた四世紀までは、東西両教会で洗礼祭の方が重要な祝日で、キリストの誕生のみを祝う祝日はなかったのである。クリスマスが十二月二十五日となったのは、キリスト教がローマで公認される四世紀に、それまでキリスト教と覇を競っていた太陽神ミトラスを信仰するミトラス教が、十二月二十五日を最大の祝日としていたためと言われている。ミトラス教はこの日を太陽神ミトラスの誕生日、すなわち文化的な冬至として祝っていたため、キリスト教はこの日をキリストの誕生日とすることで、ミトラス教に対抗したと考えられる。クリスマスが西方教会から東方教会に取り入れられた結果、東方教会では旧暦一月六日の祝日は、特にイエスの受洗を祝う洗礼祭として祝われるようになったのである。

このような経緯でクリスマスが冬至のころに定められたことで、イワン・クパーラ（聖ヨハネ祭）は自動的に夏至のころに定められた。これは洗礼者ヨハネがイエスの半年年長と伝えられたためである。天文学的な冬至と夏至とは、クリスマスとイワン・クパーラは必ずしも一致しないが、民間の農耕暦の時間意識においては、クリスマスはこれから日照時間が増大する一年の初め、イワン・クパーラは日照時間が最長となるその半年後と意識されたことはたしかである。

ところで現在世界中で使われている暦はほとんど一月一日に始まり、これが当たり前のように感じられるが、ロシアでは歴史的には必ずしもそうではなかった。それを端的に示すのが、ロシア語で年を意味する語彙が、「夏」を表すレートであることである。もともとロシア語のルーツであるスラヴ語の季節名には寒冷な季節zimaと温暖な季節letoの二つしかなく、スラヴ人は、温暖な季節letoを「年」の意味に用いていたらしい。ロシアでは十世紀にキリスト教が導入された当初は三月一日を年の始めとしていたが、スラヴ諸語に残されている古い太陰暦の月名を調べてみても、スラヴ人は実際にもともと春である三月を年の始めとしていたらしい。この暦法は一四九二年に改められたが、これはこの年がロシア正教の計算による世界開闢《かいびゃく》紀元の七千年にあたっていたためで、この年から夏の九月一日が新年とされた。これに対して現在と同じ一月一日を年の始めとしたのはピョートル大帝で、彼は世界開闢紀元を西暦に切り替え、その西暦一七〇〇年一月一日、冬の元旦を最終的に年の始めとしたのである。

この一月一日を元旦とする暦において、ロシア農村の新年は事実上クリスマスから洗礼祭前夜までの十二日間の祝祭期間スヴャートキから始まる。冬至から新しい太陽暦の新年が始まり、その冬至に重ね合わされたクリスマスが新しい年の開始を告げたのである。ロシア革命以前のユリウス暦(旧暦)では、スヴャートキが始まるクリスマスの日付は十二月二十五日で、クリスマスと一月六日の洗礼祭の間に元旦が来ることになっていたが、ロシア革命後ロシアの暦はグレゴリオ暦（新暦）に改められ、クリスマスと洗礼祭は十三日遅くなった。祭りを実際に行う日にちを変えずに、使う暦を変えたため、見かけ上日付がずれた、ということである。その結果、クリスマスの日付は一月七日となり、元旦の後に来ることになった。現在のロシアもグレゴリオ暦を用いている。

クリスマス・イヴはロシアの農村ではソチェーリニクと呼ばれた。この晩には儀礼食としてクチヤーを食べる。クチヤーはひき割り麦と蜂蜜または米と干しブドウで作る粥で、「蜜飯」とも訳されるが、これは追善食としても供されることから、もともとこの食事が死者の追善と密接に結びついていたことが推測される。この日にはまた家畜の姿をかたどった儀礼パンを焼く。旧暦の大晦日は、聖大バシレイオス祭前夜、すなわちワシーリイの夕べにあたっていて、年越しには子豚の丸焼きを儀礼食として食べることになっていた。

スヴャートキを締めくくるのは、一月十九日の洗礼祭である。この日の前夜がクリスマス・イヴと同じソチェーリニクの語で呼ばれることは、この祭りが、実際にはクリスマスより古くから、クリスマスの代わりとして祝われていたことのいわばなごりである。

洗礼祭はヨルダン川における聖ヨハネによるイエス・キリストの洗礼を祝う祭りでもあった。クリスマスと洗礼祭に挟まれたスヴャートキは、民間では誕生したイエス・キリストが未だに洗礼を受けていない危うい期間とも解釈され、魑魅魍魎《ちみもうりょう》が跋扈《ばっこ》する時期と考えられていたため、民間ではスヴャートキを締めくくる洗礼祭の儀礼は、基本的に浄めの性格を持っている。この日には悪魔払いの意味を兼ねた大掃除をする。司祭による水の浄めが行われ、その水は奇跡的な治癒力を持つと考えられ、またこの日に氷結した川で水を浴びると一年中健康でいられるとも考えられた。

二十世紀を迎え、革命を経てソヴィエト連邦となったロシアでは、暦も新暦に切り替わり、年末年始にあたっていたスヴャートキは年始に移動した。しかしソ連時代には宗教的祭日は非公認となったので、クリスマスはスターリンによって子どものためのヨールカ祭りに改変された。昔話に伝統的な「マロース（厳寒）爺さん」のイメージは革命前から西欧のサンタクロースのイメージに重ね合わされ、同様に昔話の登場人物である「雪娘（スネグーロチカ）」もクリスマスのキャラクターとして登場していた。ソ連崩壊後のロシアで宗教的祭日としてのクリスマスが復権し、公式の祭日となったことは言うまでもない。

［伊東一郎］

スヴャートキの占い

ロシアの民間暦は、一月七日（旧暦十二月二十五日）のクリスマスから一月十九日（同一月六日）の洗礼祭前夜にかけてのスヴャートキ（日本ではクリスマス週間とも訳されてきた）から始まるが、この期間は娘たちがその年の運命をさまざまな方法で占う時期であった。一年の初めにその年の運勢を占う、というのは自然な発想だが、ロシアの民間では神聖なはずのこのスヴャートキ（「神聖な」を意味するスヴャトイが語源）に悪霊や魑魅魍魎がもっとも猛威を振るうと考えられ、従ってこの期間は、家の中で占いなどをしてやり過ごすことがもっとも合理的な時の過ごし方でもあったのだ。このスヴャートキは、旧暦では旧年に属するクリスマスから大晦日、すなわちワシーリイの夕べ（聖バシレイオス祭前夜）までの「浄らかな夕べ」と、元旦から洗礼祭の前夜までの「恐ろしい夕べ」に二分され、後者がスヴャートキの中でも特に危険な期間とみなされていた。この後者の時期に行われる占いのことを特に「恐ろしい占い」と言う。この占いは故意に異界と接触することによって行われるので、占いのために選ばれるのは蒸風呂小屋や十字路のように妖怪が出現しやすい場所である。たとえばこの期間の真夜中に未婚の娘たちが、離れの蒸風呂小屋に行き、尻をむき出しにして蒸風呂小屋に入ると、尻をなでられるが、その手が毛むくじゃらだと金持ちの嫁になり、すべすべの手だと貧乏人の嫁になる、という。

スヴャートキが十二日間であることから、それを一年の十二カ月に見立て、毎日新しい年のそれぞれの月の運命を占う、というやり方も知られていたが、ふつう占いが好んで行われるのは、前述のような理由でこの期間のうち特に大晦日と洗礼祭前日の晩、それも真夜中であった。この時期に歌われる有名な占い歌に「皿下の歌」というものがある。これは空の皿の中に娘たちが、それぞれの指輪を入れて、手ぬぐいをかぶせてから歌われるもので、一曲歌が歌われるごとに指輪を一つずつ取り出し、その指輪の持ち主の新しい年の運命をその歌詞によって占うのである。そこでは結婚をはじめとして、別離、旅、富、死、火災などが象徴的に歌われ、スラーヴァ（「栄えあれ」）というリフレインが繰り返される。その象徴法はロシア・フォークロア（口承文芸）に伝統的なもので、たとえば「門の上の雄鶏」は火事を、また「麦粒が転がる」は「富」を象徴するのである。

この「皿下の歌」はV・A・ジュコーフスキイのバラード「スヴェトラーナ」の冒頭や、A・S・プーシキンの『エヴゲーニイ・オネーギン』の第五章八節のタチヤーナの占いの場面にも言及されている。そこには皿下の歌のほかに、さまざまな占いが列挙されている。たとえば「靴を放り投げる占い」。これはその爪先の向いた方角で、嫁入り先の方角を占うもの。また「窓辺で耳を澄ます」占いというのがあり、これはスヴャートキの期間中に耳を澄ますと、未来を予言するような婚礼の合唱や葬礼の泣き歌などが実際に聞こえるというもの。鏡をじっとのぞいていると、未来の花婿の姿が見える、という占いや、家の前を通りかかった男の名で未来の夫の名を知る、という占いもある。また「鶏に麦粒を食べさせる」という占いもあり、これは娘たちがそれぞれ自分の麦粒を置き、それを鶏がどのような順番で食べるかで自分たちの結婚の順番を占うものである。また「蝋燭《ろうそく》を溶かす」占いというのもあり、これは溶かした蝋を水の中に垂らし、固まった形で占うものである。『エヴゲーニイ・

オネーギン』のタチヤーナの占いの場面では、タチヤーナは皿下の歌の占いのほかにこの蝋燭の占いもしている。「タチヤーナは好奇の眼差しで蝋の溶けてゆくのを見ている。蝋が不思議な模様を作りながら何か奇《く》しきことを彼女に語りかけているのだ」（池田健太郎訳）

最後に付け加えておけば、このような新年の占いは現代ロシアにまで連綿と受け継がれ、タチヤーナが行った蝋燭占いは今も行われているし、すぐにどこでもできるコーヒーかす占いも人気だが、これも残りかすの模様で占う、という点でこの蝋燭占いのヴァリエーションとも言えようか。そもそもコーヒーがロシアに入ってくるのは十八世紀のことで、農村では行われていなかった。さらにインターネットで検索してみると、現代ロシアではスマートフォンやテレビを使った新年の占いまであるらしく、ロシアが今も昔も占い好きの国民であることがよくわかるのである。

［伊東一郎］

冬の妖怪　シュリクン

一年の節目、季節の変わり目に異界の存在が現れやすいのは世界各地で共通のようだ。日本では盆には祖霊をお迎えし、小正月になればナマハゲがやって来る。ロシアの民間信仰においても、一定の時期に超自然的存在が現れるというイメージは見られる。なかでも大きな節目の時期といえるスヴャートキ、すなわちクリスマス（一月七日）から洗礼祭（一月十九日）前夜までの期間には、そうした存在が数多く現れる。北ロシアでは、まずは悪霊の大群が地獄から押し寄せてくるといわれる。さらにシュリクン、クリャシー、スヴャートケといった、いわばスヴャートキ限定妖怪たちも登場する。手下たちを引き連れたサタンは一足先にニコラの日（十二月十九日）から現れるという。北ロシアに接するウラジーミル県では新年（一月十四日、旧暦の一月一日）前夜に死者たちが蘇る。南ロシアでは魔女、人狼、悪魔たちが、隣のウクライナ西部では邪悪な精霊たちが、ベラルーシでは幼子たちの亡霊が現れるという。

ここでは北ロシアのシュリクンを紹介しよう。シュリクンは、スヴャートキになると凍結した川や湖にうがたれる「ヨルダン」と呼ばれる穴から地上に出てくるといわれる。

シュリクンというスラヴ語らしからぬ名称の語源に関しては諸説ある。もっとも新しい説は、スラヴ祖語*šujь（「左の」「悪い」「不浄な」「不公平な」「役立たずの」）と、接尾辞 -un（「～する人」「～な人」）の結合によって生まれたというものだ。現代のフォークロアの世界にも生きており、筆者が以前調査で訪れた北ロシアの地域では「シュリーギン」「シュリーキン」という異称がおもに使われていた。

シュリクンは子どものような小さな姿で、集団で群れていたずらをしてまわると考えられている。外見的特徴としてよく挙げられるのは「とがった頭」だ。とんがり帽を被っている場合もある。「とがった頭（無毛でも、髪が逆立っても）」はスラヴに古来伝わる悪魔的容姿の条件とされ、悪魔に限らずレーシイ（森の妖怪）、ヴォジャノイ（水の妖怪）といった多くの妖怪において見られる。

スヴャートキに地上に出てきたシュリクンたちは何をするのであろうか。圧倒的に多いのは「村中を歩き回って悪さをする」といったたぐいの行為である。ほかには人間の占いを何らかの形で援助する、あるいはシュリクンたち自身が占いを行うといった内容の伝承もある。

シュリクンのこれらの特徴は、スヴャートキに伝統的に行われる人間の行為（仮装をしての練り歩きや占い）に由来すると解釈できる。ちなみにスヴャートキ時に村中を練り歩き、家々を回る人間の若者たちも「シュリクン」と呼ばれる。種々の儀礼が執り行われる境界的な時間においては、人間と妖怪の境界もあいまいになるということなのかもしれない。

さて、シュリクンが地上に現れるスヴャートキが始まるのがクリスマス、締めくくられるのが洗礼祭である。洗礼祭とは、キリストの栄光が東方の三博士の形で異教徒に対して公に現された日として、またキリストがヨルダン川で洗礼を受けた日として祝われるキリスト教の祝祭日である。ロシアでは、この日、河川の氷に開けられた穴「ヨルダン」に聖職者がやって来て、祈祷《きとう》をしたり、十字架を水につけて水を清めたり（水の洗礼）、その水と十字架で信徒を祝福したりする。人々はその水を持ち帰り、家の中や家畜小屋に撒く。こうした儀礼的行為と、水中に常住すると考えられた反キリスト教的存在である妖怪に対する俗信とが結び付き、彼らが水の洗礼を嫌い（怖れ）、洗礼祭の前になると水中から出てくるというイメージが生まれたと考えられる。この時期のシュリクンの水中からの出現も、このイメージと関連付けて解釈できよう。

時代を経るにしたがって、シュリクンは「スヴャートキ時の妖怪」としてより、「スヴャートキ時の仮装者」としてより広く認識されるようになった。また、超自然的存在として言及される場合でも、現代では、厳寒時に子どもを脅す際の警句の中で登場するケースが多い（「外に出てはいけない。シュリクンに連れていかれるから」）。あるいは、スヴャートキに子どもたちにプレゼントを持ってきてくれる親切な存在、つまりサンタクロースのような存在としてシュリクンが認識されているケースも増えてきた。

スヴャートキ時の仮装用のマスク「シリクン（シュリクンの異称の一つ）」（19～20世紀にかけて。アルハンゲリスク州。ロシア民族学博物館所蔵）

このように、「スヴャートキに現れる不思議な存在」である点は変わらぬものの、シュリクンのイメージと機能は時代とともに変化してきた。しかし、いくら変わろうと、そこには常に子ども（若者）との関わりを見てとることができる（子どものような小さな姿をしている、集団で群れる、いたずら好きである、子どもに対する警句に登場する、子どもにプレゼントを持ってくる)。シュリクンとは、一面ではスヴァートキという盛大かつ長期にわたる祝祭的時間における子どもの姿そのもの、あるいは子どもの恐怖や願望を体現する存在といえる。今後も、子どもの暮らしや感性の変化とともに、シュリクンはさらなる「進化」を遂げる可能性を秘めている。

［塚崎今日子］

ツリーとマロース爺さんと雪娘

ソ連時代から今に至るまで、ロシアの子どもたちの新年の楽しみは、華やかなクリスマスツリーのそばで演じられるマロース爺さんと雪娘の楽しいパフォーマンスと、その後で配られるプレゼントだろう。ロシアの新年を彩るこの三点セットは、実はそれほど歴史が古くない。そもそも、ロシアでヨールカ（本来はイェーリ＝ヨーロッパトウヒの指小・表愛形）と呼ばれるツリーは、なぜ十二月二十五日のクリスマスではなくて新年のツリーなのか？　マロース（厳寒）爺さんとサンタクロースの違いは？　そしてロシアにしかいない雪娘スネグーロチカの正体は？　そこにはロシア古来の民間信仰と、その文学的解釈と、西欧文化の影響と、ソ連の政治的プロパガンダが重層的に絡まりあっている。古来ロシアでは、森の湿地に生え、尖った葉を持つ暗いイェーリは好まれず、葬礼で床や道に敷かれるなど死のイメージが強かったが、いつのまにかすっかり幸福の象徴に変貌を遂げたのだった。

いわゆるクリスマスツリーがロシアに最初に現れたのは、十九世紀初頭、首都ペテルブルグのドイツ人家庭である。宮廷にこれを取り入れたのが、プロイセン王家出身のニコライ一世の皇后であった。一八二八年には皇后の家族・親族の子どもたちを集め、最初の「子どものためのツリー」のお祭りが開かれ、たくさんのツリーの下に子どもたちへのプレゼントが置かれた。それが都市の一般家庭に急速に普及したのは一八四〇年代半ばからで、ロマン主義文学の流行、特に、クリスマス・イヴの幻想的な出来事を描くホフマンの童話『くるみ割り人形』などの人気がその後押しをした。一八四〇年代末には近隣の農民たちが森の木を切って街に売りに来るようになり、一八五〇年代になるとツリーは駅、パーティ会場、クラブ、劇場など公の場にも飾られ、地方都市にも波及、定着していった。一八九二年のクリスマス・イヴにチャイコフスキイ作曲のバレエ《くるみ割り人形》がペテルブルグで初演されたが、クリスマスに《くるみ割り人形》を上演する習慣は、いわば逆輸入の形で西欧諸国にも広まった。

　ツリーと同じく西欧からもたらされたサンタクロースは、始めのうちドイツ風の名前で呼ばれたり、ニコライ（おじいさん）などと呼ばれたりしたが、やがてマロース爺さんの名称が確立した。かつて東スラヴには、クリスマス・イヴなどに家の主人が開け放した窓や玄関から次のように呼びかける儀礼があった。「マロース爺さん、マロース爺さん！　クレープとクチヤー（蜜飯）を食べに来てください！　でも夏には来ないで。キュウリを食べないで。大事な露を取ったり、子どもたちを追い回したりしないでね」。冬の寒さは豊作を呼ぶとして歓迎し、冷夏にはしないでくれと祈ったのである。その根底には、亡くなった祖先を招いて食事を共にする習俗があったと考えられている。また昔話には、いわゆる継子《ままこ》話の一つとして、継母《ままはは》の命令で冬の森に置き去りにされた娘が、寒さ（冬）の精霊マロースコと出会う話がある。娘は丁寧に応答することで褒美をもらい、後から遣わされた継母の実の娘の方は無礼なので凍死させられてしまう。このようにある時は与え、ある時は罰する二面性を持つ、自然の力の象徴としてのマロースの形象は十八世紀半ばから、文学作品（マルシャークの『森は生きている』など）にもたびたび取り上げられるようになった。二十世紀初頭に西欧から輸入され始めたクリスマス・新年カードに描かれたサンタクロース像と、そうしたロシア本来のマロースの、特にその善良な側面が融合して、杖を持ち長い白ひげをたくわえ、青や赤や白の長い冬外套を着たマロース爺さんの外見ができ上がったのである。

さて、ロシア革命が起きるとクリスマスはどうなったか。まず、西欧と同じグレゴリオ暦が導入されたが、ロシア正教会は旧暦を使い続けたので、クリスマスは一月七日の日付となった。そして一九二〇年代半ばに反宗教キャンペーンが始まると、一九二九年にはクリスマスが廃止されて平日になり、ツリーもマロース爺さんも駆逐された。

しかし、一九三五年にスターリンが「同志たちよ、生活は良くなった、より楽しくなったのだ!」と宣言すると、年末には子どもたちのためのツリーを準備するよう呼びかけがなされ、それはわずか数日で全国的に実現された。「もっぱらブルジョア家庭の楽しみで、貧しい労働者の子どもたちが窓の外からうらやましげにのぞき込むしかなかった」ツリーは、今や幼稚園、ピオネール(ボーイスカウトのようなソ連の少年団)などで開催される、家庭的というよりも公共的な「新年」の行事の中心となった。ツリーはクリスマスとの関係を断ち切られ、頂きに飾られたベツレヘムの八芒星は、ソヴィエト政権の中枢クレムリンの塔頂を飾る赤い五芒星に取って代わられた。

ところで、雪娘がマロース爺さんの孫娘として初めて一緒に登場するのは、一九三七年にモスクワの労働組合会館で開かれた新年行事である。中にはマロース爺さんを怖がる子どももいたが、雪娘がお爺さんの話に茶々を入れて楽しい雰囲気を作り出し、子どもたちとの間の仲立ちをしたのである。それ以来、基本的にこの二人が中心となってツリーの周りで歌や踊りを繰り広げ、「ヤガー婆さん(魔女)や黒猫に邪魔されるマロース爺さんを子どもたちが助ける」、「ツリーに点火するには雪娘の出す

雪娘とマロース爺さん（1993年末、モスクワの幼稚園のヨールカ祭り。撮影：石川あい子）

なぞなぞを解かなければならない」などの演出も行われるようになった。雪娘はたいてい金髪のポニーテールで、毛皮の縁取りのある青か白のコートを着ている。

雪娘も、ロシア昔話の出身だ。「子どものない老夫婦が雪だるまを作ると、それが生を得て雪娘になった。夏になり、女友達と森へ出かけてたき火を飛び越えると、解けてしまった」という話である。アファナーシエフによる雪娘の神話学的・気象学的解釈に影響を受けたA・N・オストロフスキイは、一八七三年の戯曲『雪娘』の中で、彼女をマロース爺さんと「麗しの春」の間の娘として描いた。リムスキイ＝コルサコフがこれをオペラ化し、一八八二年に初演して人気を博したこともあり、革命前から雪娘はツリーの飾り、女の子の仮装、昔話やオペラの一場面を上演する際の主人公としてクリスマスに登場するようになっていた。そして、ソ連政府がクリスマスを新年のお祭りに組み替えた時に、彼女がマロース爺さんの孫娘として華を添えることになったのである。

ソ連崩壊とともに、一九九一年にロシアでは再び一月七日のクリスマスが祭日として祝われるようになったが、ツリーはすでに新年のものとして定着したようだ（もう赤い星は付いていないが）。一年を通して訪れることのできる「マロース爺さんの家」「雪娘の御殿」などの、いわばテーマパークも各地に造られている。歴史的な経緯に関係なく、これからもロシアの子どもたちは、きらびやかなツリーと堂々たるマロース爺さんと美しい雪娘の豪華三点セットを心おきなく楽しむことだろう。だが、子どもたちが「マロース爺さん！　マロース爺さん！」といっせいに呼びかける声には、どこか遠く、雪原に向かって「クレープを食べに来て！」と唱える祖先の声がこだましているような気がする。

［直野洋子］

COLUMN

防寒着

かつて農村では肌着というものを着なかったし、普段着ているルバーハ（シャツ）やズボン、スカート類にも夏用と冬用の区別はない。したがって防寒対策はもっぱら上から何か着ることで行われた。寒い時、悪天候の時、また汚れる仕事をする時などは、男女を問わず「バラホン」と呼ばれる粗布の上っ張りを着た。また男性は「アルミャーク」という丈の長い粗い毛織物のコートを着た。アルミャークは幅広の襟がついた前身頃をかき合わせて着るガウンのような形をしており、十九世紀には馭者《ぎょしゃ》の着る上着としても広く知られた。

　だが真冬の厳しい寒さを乗り切るには、なんといっても毛皮外套「シューバ」が必要だ。現在の毛皮のコートの仕立てとは逆に、もこもこした毛の面は内側にして、外側は皮のままか別の布を縫い付ける。右身頃が上に来るように合わせ、ホックでしっかり留める。丈が膝下からふくらはぎまでの「半シューバ」も人気で、S・V・イワノフの油絵《家族》の中で女性たちが着ているのはおそらくこれだろう。

アルミャークを着る男性（19世紀後半、シムビルスク県）（『ロシアの伝統衣裳』（1998）より）

　貴族や都会の金持ちはクロテンやキツネの高級な毛皮を着たが、農民の懐では羊かウサギの毛皮がやっと、それでも家族の一人にシューバをあつ

S. V. イワノフ《家族》(1907)

らえるため何年も働いて貯蓄をしたという。つまり、どんなシューバを着ているかは家族の経済状態をそのまま表したのだ。それゆえ、場所によっては、一月十九日の洗礼祭に娘たちがそれぞれのシューバを着て教会近くに立ち、若者とその母親たちが花嫁候補を見分するという習慣があった。もちろん、娘たちの方でも、前を行く若者たちとそのシューバ、そして未来の姑をしっかり品定めしていたのである。

ところで、絵画《家族》の父親と思しき背の高い男性は、毛皮外套の前をはだけているようだ。昔話の挿絵に出てくるマロース爺さんも似たような格好をしているが、考えてみたらこんなに前を開けていて寒くないのだろうか。実は、彼が一番上に着ている外套は「トゥルプ」といって、シューバの上にさらに着るマントのようなものだ。シューバ同様、毛の面を裏にしている。冬場にそりを走らせる時などに着こむ、最強の防寒具だ。毛皮の上に毛皮、まさに極寒のロシアの冬のシンボルである。

［熊野谷葉子］

冬の門付け

ロシアの一年は、旧暦では年末年始にあたるスヴャートキと呼ばれる祝祭期間から始まる。スヴャートキとは、一月七日のクリスマスから一月十九日の洗礼祭前夜までの十二日間である。来たるべき新しい年を迎えるこの時期には、特別な儀礼食が用意され、新しい年の運勢をさまざまなやり方で占ったりする。

このスヴャートキの時期に歌われる予祝《よしゅく》の儀礼歌をコリャダーあるいはコリャートカと呼ぶ（ヴォルガ中・下流域などではオフセニと呼ばれ、北部ロシアとシベリアではヴィノグラーディエと呼ばれる）。この歌は、村の人家の窓辺に立って歌われ、歌い手は報酬の食べ物をもらい受ける、いわゆる門付け歌の形式をとる。この門付けの歌はまずクリスマス・イヴに歌われるが、その後もスヴャートキの期間を通して晩に歌われる。この歌をうたうのは、おもに男女の若者の一団であり、彼らの行進はしばしば山羊、クマ、ツルなどの動物、死神などの異界の住人、兵士、医師などの農村には異質な社会的他者、ジプシー（ロマ）などの民族的他者などに扮《ふん》した仮装行列の形をとって行われ、ベツレヘムの星を表した八芒星の飾りを持ち歩き、歌は家から家へ移動する時に歌

スヴャートキの仮装（1914年、トムスク県）（『ロシアの祭り』（2001）より）

われるものと、家の窓の外で歌われるものに分けられる。それは来るべき一年の豊穣を祈願し、訪れる新しい年の農耕、牧畜、家庭生活にかかわる予祝を内容としている。コリャダー歌いたちは目指す家を探し歩き、たどり着くと「ご主人はお月様のよう、奥様はお日様のよう」とほめそやし、小銭や食事などの報酬を要求する。期待した報酬が受け取れない場合は、「こんなけちんぼの家の畑には何もできまいよ」と歌う誹《そし》り歌も用意されている。次のテキストは中部ロシアのトゥーラ県で採録された典型的なもので、家の窓の外で歌われるものである。

クリスマスの前夜に
コリャダーがやって来たよ
さあさ、おくれよ、クリスマスのパンを
バターで揚げたきれいな丸パンを
それの報いに神様は
家のお方に恵むでしょう
五穀成就の豊作を
五穀成就の豊作を
一つの穂からどっさり粒が
一つの粒から丸パン一斤
半粒からはパイ一個

よい暮らし向きも
富も宝も神様が
お家に恵んで下さるよ
いやいやそれよりもっと良く
どうぞ神様、して下さい

コリャダーの語源は、ローマで毎月の最初の十日間を意味したラテン語のcalendaeであり、ほかのスラヴ諸国やルーマニア、ギリシャなどの非スラヴ系の民族にも同語源の語彙が同じクリスマス前夜に歌われる儀礼歌の意味で知られていることから、このジャンルの歌謡がロシア東欧にキリスト教が知られる以前のローマ時代から知られていたことが推測される。ここに引いたテキストからもわかるように、コリャダーの内容はキリスト降誕とは全く無関係である。一二八二年に出された教会の通達は、キリスト教とは無関係なこの異教的習俗を禁じている。このコリャートカ歌いたちのウクライナにおける習俗は、ゴーゴリの短編集『ディカーニカ近郷夜話』に収められた「降誕祭の前夜」と、これを原作として作られたリムスキイ＝コルサコフの同名のオペラに生き生きと描き出されている。

［伊東一郎］

昔話

一九六六年の冬、北ロシア・アルハンゲリスク州の小さな島で、昔話研究者ヴェジェルニコワは次のような情景を目にした。「夕方になると村人はアレクセイ・ミハイロヴィチ・シフツェフの家に集まる。女性たちは紡ぎ車や刺繍《ししゅう》道具を持参し、主人自身も手を休めず漁網を編みながら客を迎える。四方山《よもやま》話が終わると、昔話の催促だ。しつこくねだるまでもない、アレクセイ・ミハイロヴィチは『わしが知ってるのは笑い話の方が多くてな』とひとこと言うと、漁網を編み続けながら『モスクワの道化の話』を始める。［中略］アレクセイ・ミハイロヴィチはどんどん興に乗り、もう網も放り出して立ち上がり、手振り身振りよろしく声真似も使う。そして聞き手たちは合いの手を入れ、話に陽気にさんざめく」

　このように二十世紀後半に入っても、ロシアでは昔話の伝統が生きていた。そして、ロシアの長く暗い冬の夜には、大人たちにとっても昔話は貴重な娯楽だったのである。語り手の方が娘たちの集い（ポシジェールカ）に招かれることもあり、そんな集いでは、幸せな結婚に終わる魔法昔話が特に好まれたという。

　ロシア北部の厳しい自然の中の労働にも、こうした語りの場は欠かせないものだった。日が短い冬の伐採作業では森の中の小屋で過ごす時間が長く、男たちは暇つぶしにブィリーナ（ゆったりした節回しで吟じられる英雄叙事詩）や昔話を競って語り合った。良い語り手を探し出して招き、仕事の一部を免除した上で等分の、あるいは最良の分け前を渡すことも多かった。それは冬に限ったことではなく、北の海で何週間も何カ月も共同作業をする漁師たちの間でも、シベリアの森に分け入る猟師たちの間でも、長い川を下る筏《いかだ》師たちの間でも同じだった。水車小屋も、粉が挽き上がるのを待つ間、格好の語りの場となった。こうした男たちの集まりでも勇壮な魔法昔話が語られたが、特に好まれたのは筋立てのおもしろいノヴェラ的昔話や笑い話、風刺的な昔話だった。

乳搾りなど、女たちが家から遠く離れた放牧場で働き、夜は森の小屋で語りを楽しむというケースもあったが、女性の主な語りの場は、娘たちの集いや主婦たちの共同作業を除いては、なんといっても家庭だった。母や祖母が子どもたちに語り聞かせる話には、動物昔話や累積昔話（同じ行為が反復・増幅されていく話）、子どもが主人公の話など独特のレパートリーがあり、歌を挟んだりリズミカルに韻を踏んだりして子どもたちを楽しませた。早くから子守として働いた女の子たちは、そうやって聞き覚えた昔話で幼子をあやし、仕事に生かしたものだ。

広いロシアをへめぐる者たち、つまり馭者や牧童、農閑期に方々の家を泊まり歩く大工・仕立て屋・靴屋などの渡り職人たち、シベリアやウラルの流刑者たち、盲目や孤児の放浪者たちにとっても、昔話は良き道連れだった。語りが上手な者は喜んで泊めてもらえたし、仕事をしながら語れば皆が聞き入り、仕事も楽しくはかどった。

旅する者たちは昔話の伝播に大きな役割を果たしたが、各地で徴兵された農民たちが出会う軍隊では特に盛んに話の交換が行われ、そこから兵隊話と言われる独特の話のグループが生まれた。笑いや風刺に満ちた話で、主人公の兵隊は抜け目なく、恐れを知らず、悪魔も手玉にとる。

多くは苦しい生活を送っていた語り手は、身を助ける昔話のレパートリーを増やすよう努め、自然に話も長くなっていった。声真似やジェスチャーを駆使する話者もいた。特に優れた語り手は人格者としても尊敬されていた。二十世紀初頭の著名なフォークロア採集者N・E・オンチュコフは「この人たちは、文盲かもしれないが、おらがとこの、村のインテリなのだ。［中略］村の精神的貴族なのだ」と書いている。

それでは昔話の中の世界を見てみよう。かつて昔話の話型の六十％を占め一番人気だったのは、いわゆる現実的昔話、つまり謎解きや泥棒名人などプロットのおもしろさに主眼を置くノヴェラ的昔話や、地主や司祭をこっぴどく風刺する世態的昔話であった。子どもたちが好きな動物昔話や累積昔話は十％ほどだったというが、現代では絵本の定番として人気を博し、日本でも『おだんごぱん』『おおきなかぶ』（いずれも累積昔話）などが知られている。

しかし、もっとも色鮮やかな形象（イメージ、キャラクター）に満ち、ダイナミックなプロットを持つのは魔法昔話である。主人公は凛々しい王子や美しい王女ばかりでなく、剛力の牛の子、貧しく健気な手無し娘、いつもペチカに寝そべっているイワンの馬鹿など多彩だ。強力な敵役は三つや六つ、九つの頭を持つ竜（ズメイ）、「大海の中の島に立つ樫の木の根元に埋められた箱の中のウサギの中の鴨の中の卵の中に自分の死を隠している」不死身の老人コシチェイ、「背丈は爪、ひげの長さは腕半分」爺さんなどなど。主人公の忠実な助手となるのは、天翔《か》ける翼を持ち火を噴く駿馬シフカ・ブールカ、変身して王女や火の鳥を手に入れ、死の水と命の水で主人公を生き返らせてくれる灰色オオカミ、道案内をする糸玉など不思議な道具の数々。なかでも両義的で古代的な様相を帯びているのがヤガー婆

I. Ya. ビリービン《臼に乗ったヤガー婆さん》(1900)(昔話『うるわしのワシリーサ』の挿絵より)

さん（バーバ・ヤガー）だ。

　「ヤガー婆さん・骨の足」とも呼ばれるロシアの魔女は、森の中の、鶏の足の上に立つ（ぐるぐる回る）小屋に住み、臼に乗って杵で漕ぎ、箒で跡を消しながら空を飛んでくる。主人公が訪れると、まずフーフーと鼻を鳴らし「ロシア人（人間）の匂いがするぞ」と人喰いの性を表す。実際、さらってきた子どもや継母に遣わされた娘をかまどで焼いて食べようとする恐ろしい魔女でもあるのだが、一方で勇士の主人公に道を教え、よく働いた継子娘にたっぷり褒美を与え、怠け者の実の娘を容赦なく罰する援助者・贈与者の側面も持っている。その複雑なキャラクターの起源についてはさまざまな説があり、若者が通過しなければならない象徴的な死と再生の成人儀礼を司る者、森の動物たちを呼び集め指図する「森の主《ぬし》」、さらには他界と行き来し骨から動物を再生させる、ユーラシア共通のシャーマン的存在にさかのぼるとする説、また、いわゆる「母権制」のなごりをそこに見てとる考えもある。

　大人たちの労働や憩いの場で好んで語られた昔話は、長大で複雑なプロットになる傾向があった。しかし魔法昔話はただダラダラと長いわけではない。そこに「主人公が出発し、試練を経て魔法の手段を手に入れ、それを使って敵と戦い、勝利する、または難題を解く、そして最後に結婚する」といった論理的な構成があることを発見したのが二十世紀初頭の民俗学者プロップである。その理論はやがて構造主義的説話・神話研究に大きな影響を与えることとなった。単純なパターンでもそれを破綻なく繋げていくことは高度に知的な体験であり、魔法昔話を語ることは、民衆にとっての一種の思考訓練になっていたのではないだろうか？　長らく封建的社会に置かれ、文字に触れることも少なかったロシアの民衆は、昔話をはじめとするフォークロアの世界でたしかな論理的思考と豊かなイマジネーションを育んだのである。

最後に翻訳では伝えにくいが、魔法昔話の重要な魅力の一つであるリズミカルな語り口について。語りだしは「九の三倍遠い国、三十番目の王国に」と、日本とは違って「昔」より「遠く」を強調する言葉で始まり、「話を語るは早いが、ことはそうは運ばない」と一息入れ、ハッピーエンドではアイロニカルに話の虚構性がほのめかされる。「私も結婚式に招かれて蜜酒を飲んだんだがね、ひげを伝って流れてしまい、一滴も口には入らなかったさ」。それが暗に催促の一言ともなり、聴衆は見事に語り終えた名人に一献傾けたことだろう。

［直野洋子］

冬の民謡

ロシアというと季節としてはまず冬が想い浮かぶ。冬のロシア民謡として日本で有名なのは、まずは《トロイカ》だろう。ロシア語でトロイカと言えば、街道を走る三頭立ての馬そりあるいは馬車を意味する。別に「トロイカ」という特別な乗物があるわけではない。しかし民謡に歌われるトロイカはやはり圧倒的に馬そりである。民謡《トロイカ》はわが国では「雪の白樺並木……」という歌詞で知られているが、これは楽団カチューシャによる完全な創作で、原曲は「駅逓トロイカが冬のヴォルガ川の上を走っていく」という歌詞で始まる悲しい馭者の物語である。民謡といっても、農村で歌われたものではなく、むしろ都市の俗謡である。一九〇一年に発表された作詞者不明の歌詞によって、二十世紀初頭から歌われるようになった。

トロイカの乗客が悲しげな様子の馭者に「浮かぬ顔をしているがどうしたのだ？」と問いかけると、馭者は村長に恋人を金で奪われた、「スヴャートキも近いがあの娘はもう俺のもんじゃねえ」とつぶやく。冬に対するリアルな季節感があふれている。ちなみに東大音感合唱団の訳詩では「疾《はし》るトロイカ一つ、雪のヴォルガに沿い……」となっているが、冬のトロイカは川岸に街道がある場合でも、凍結した河面の上を走るので、岸辺を走ることはない。このあたりにも日露の冬の風景感覚の違いが投影されていると言えようか。

冬のトロイカの馭者が主人公の民謡といえば、《郵便馬車の馭者だった頃》もその一つである。酒場で一人酒を汲む馭者の語るやはり悲恋の物語で、トロイカを走らせる馭者が、村で恋仲だった娘の行き倒れの姿を冬の雪道に見つける、という内容である。

冬のトロイカを歌った民謡には、もう一つ《果てもなき荒れ野原》がある。「荒れ野原」の原語は「ステップ」で、この歌は、「見渡す限りのステップ」と歌いだされ、この訳詩では秋の風景のように感じられるが、この民謡詩の原作者イワン・スーリコフのもともとの原詩では、ここは「見渡す限りの雪原」となっていて、この民謡の舞台は雪に埋もれた冬のステップ地帯に延びる街道なのである。従ってこの主人公も三頭立ての馬そりのトロイカの馭者で、その雪原で凍えていき、両親と妻への遺言を自分の友に託して死んでいくのである。

こうして見てくると冬のトロイカの歌は悲しい歌ばかりのように思われるが、日本の《トロイカ》を思わせる楽しいトロイカの歌もある。P・A・ヴャーゼムスキイの詩にP・P・ブラーホフが一八六五年に作曲し、民謡化した《トロイカは疾る、トロイカは翔ける》は恋人のもとに雪を蹴散らしていっさんに向かう馭者の逸る心を歌っている。プーシキンもその詩「冬の道」で馭者の歌には悲しい調べも豪放な響きも聞こえる、と語っているが、冬のトロイカの歌は物憂げなものばかりではないのである。

［伊東一郎］

履物

十八世紀から十九世紀にかけてロシアの農村でもっとも普及した履物は、「ラプチ」と呼ばれる樹皮靴である。菩提樹などの靭皮《じんぴ》（樹木などの表皮の下にある繊維質の内皮）を編んで作ったもので、男女とも日常的に使用した。樹皮靴を作るのは冬の男の仕事であった。冬までに材料となる一メートルぐらいの長さの靭皮をたくさん用意する。そして畑仕事のなくなった冬の時期にできるだけ多くの樹皮靴を作り、家族の需要を満たすだけでなく、定期市などでも販売し、農家の副収入とした。菩提樹のほかに白樺や柳の靭皮を使うこともあった。

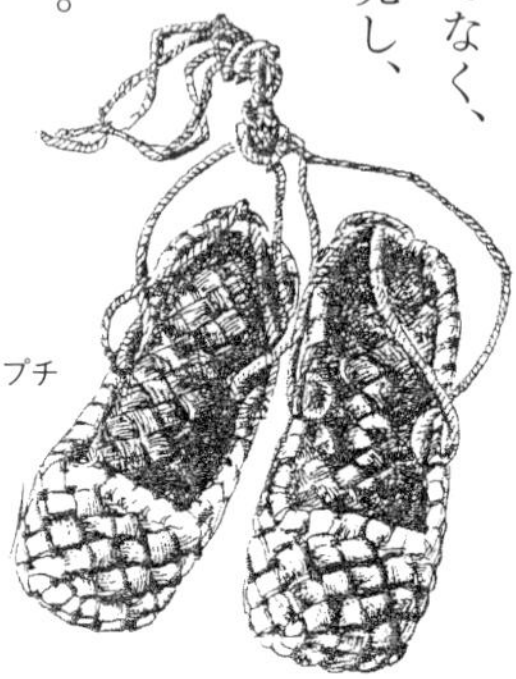

ラプチ

生活の中に溶け込んだ樹皮靴はさまざまな言い伝えや儀礼と結びついている。たとえば鶏が病気をしないで卵をたくさん産むように古い樹皮靴を鳥小屋に吊るしておく、あるいは日照りの時、雨を誘うために樹皮靴にハコベを詰めて川に投げるなど。

樹皮靴を履く前にまず「オヌーチャ」と呼ばれる麻や亜麻やラシャなどの布を足先から膝下ぐらいまで巻き付けた。靴下代わりである。オヌチャは革の長靴を履く時も用いられた。

動物の皮を鞣《なめ》す技術はロシアでも古くからあり、鞣した革でさまざまな履物が作られた。しかし、硬いしっかりした革で作られる長靴（サポギー）は高価なものであり、裕福な人々の履物だった。十九世紀の農村ではおもに祭日用の履物として用いられた。「長靴から樹皮靴に履き替える」という表現があるが、貧乏になることを意味した。革

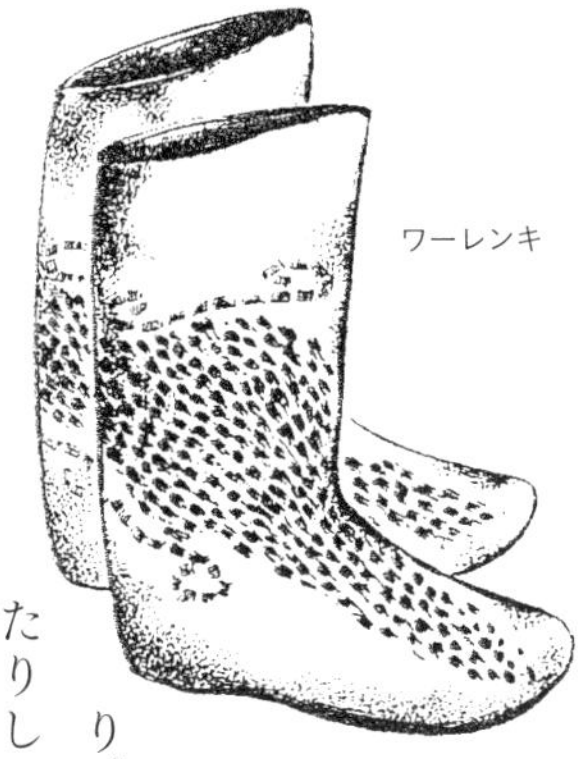
ワーレンキ

の靴は誰でもが作れるわけではなかった。町や村には技術を持った靴職人がいて、注文に応じて靴を縫ったり、修理を引き受けたりした。レフ・トルストイの短編『人は何で生きるか』は村の靴職人を主人公にした話である。

ロシアの伝統的な長靴は胴の部分が膝まで届くほど長く、靴底がしっかりしていて、つま先が丸く、黒い革のものだった。胴の部分に襞《ひだ》を寄せたガルモシュカと呼ばれる長靴もあった。踊ったり歩いたりする時に、かかとがコツコツ音を立て、胴がキュッキュッと鳴るのが粋だった。農村では男女ともに長靴を履いたが、町では男の履物だった。いっぽう革の短靴はおもに女の履物だった。

羊の毛のフェルトで作った防寒靴「ワーレンキ」が一般に用いられるようになったのは、樹皮靴や革靴に比べて比較的新しい。十九世紀の初めにシベリアからヨーロッパ・ロシアに伝わった。最初は裕福な農民の履物だったが、十九世紀末から二十世紀初めごろになると冬の履物として広く普及した。各地にフェルト加工の専門職人の住む村があり、フェルト靴生産の中心地となっていた。

［青木明子］

長靴（サポギー）（図はすべて『ロシアの伝統衣裳』（1998）より）

マースレニツァとブリヌイ

マースレニツァはロシアに古くから伝わる風習で、長くて厳しい冬の季節に別れを告げる民間儀礼である。逆に見れば、春迎えの歳時的儀礼といってもいい。マースレニツァまでが冬、それ以後が春というように、季節が分かれることになる。現在の年間暦で言えば、二月の初旬から三月の中旬の時期にあたる。この時期に行われる行事の中にはキリスト教が入ってくる以前からのなごりをとどめるものもあって、正教会の公認祝祭日の中には含まれないが、それでも復活祭を基準にしてその七週間前までの一週間、つまり大斎（精進期）直前の一週間がマースレニツァとされている。民間儀礼の中でこれほどにぎやかなものはない。

マースレニツァは月曜日からはじまるが、前日の日曜日は「肉断ちの日曜日」と呼ばれる。翌日からは乳製品と魚しか食べられないからである。マースレニツァの食べ物はブリヌイと決まっている。ブリヌイは早い話がクレープであって、小麦粉に卵やミルクや砂糖を混ぜ合わせて多少発酵させた生地をフライパンで円形に焼いたものに、スメタナ（サワークリーム）、バターなどの乳製品やイクラ、ジャムなど好みのものを包んで食べる。北ロシア生まれで農村派の作家として知られたワシーリイ・ベローフの自伝的作品によると、子どものころある時ブリヌイを四十枚食べたという。もっともマースレニツァで焼く最初のブリヌイは死者の追善供養のための供え物と考えられ、窓辺に置かれた。マースレニツァは都会と田舎を問わず、ありとあらゆる遊びの季節でもあった。氷の上でのスケート、丘（丘が無ければ雪を積み上げて滑降のための小山をつくった）の上からのそりすべりを楽しんだ。馬をつないでのそり遊びも好まれた。場所によっては、特に新婚の男女をそりで走らせたが、それは共同体への加入のための通過儀礼の意味を持った。娘たちのためには大きなブランコをつくることもあった。水曜日が特に「姑の日」と呼ばれたのは姑が新婚の夫婦を招待してご馳走したからである。金曜日には逆に新婚夫婦が姑を自宅に招いてブリヌイをご馳走した。木曜日にはしばしば共同体ごとのグループによる殴り合いが行われて、それがマースレニツァの乱痴気騒ぎの終着点の観を呈した。最初は対立するグループの子どもたちによる言葉による罵り合いや礫《つぶて》の投げ合いではじまり、やがて未成年の殴り合いになり、最後には大人たちまで喧嘩《けんか》に加わった。あらかじめ、みぞおちは打たない、傷ついた者には手を出さない、金属の得物《えもの》は使わない、などの常識的な暗黙の合意があるものの、殴り合いが行われるのが夕方から夜にかけてであったため、いつも穏やかにことが収まるとは限らず、警察が介入することもまれではなかった。

［中村喜和］

チャイコフスキイ《四季》——冬

高度に様式化され洗練された芸術音楽と、民衆の日常生活に根ざした歳時記は相性があまり良くない。幸いなことに、西欧に比べて近代化が遅れたロシアでは都会のすぐ傍にも豊かな自然が残され、都市近郊の田園を好んで居住地としたチャイコフスキイがピアノで歳時記を残した。それがピアノ小品集《四季》である。貴族の愛好家向け楽譜月刊誌『ヌヴェリスト』に毎月一曲ずつ掲載され、連載自体は一八七六年一月号から開始されたが、月日が巡るようにこの小品集にも明確な始まりと終わりが無いので、ここでも本書に合わせて十二月から紹介しよう。各月には出版人ベルナルドが用意した標題が付いており、チャイコフスキイはそれに従って作曲した。さらに曲の完成後、ベルナルドが選んだ詩がエピグラフとして各曲冒頭に添えられている。標題・音楽・エピグラフ共にきわめて秀逸なので、《四季》を鑑賞するだけで、私たち日本人にもロシアの十二カ月を十分に堪能できるだろう。

У камелька
1
Au coin du feu
И мирной неги уголок
Ночь сумраком одела,
В камине гаснет огонёк,
И свечка догорела.
А. Пушкин
П. ЧАЙКОВСКИЙ. Соч. 37 бис
(1840—1893)
Moderato semplice, ma espressivo
p

1月「小さな暖炉の傍で」冒頭

十二月「スヴャートキ」

ある年の洗礼祭の夕べ
娘たちが恋占いをしていた
片方の靴を脱ぎ捨てて
門の外に放り出して
V・ジュコーフスキイ

音楽はワルツ、純潔の調とも言われる変イ長調で書かれ、明るく清らかで、自然界の一年を無事に終わらせて、来たる新年も平和であるように祈っているチャイコフスキイの微笑む姿が見え隠れする。ここではジュコーフスキイのエピグラフに描かれているような農村の娘たちのスヴャートキの集い（ポシジェールカ）の情景ではなくて、貴族の田舎の大屋敷での楽しそうなホームパーティを彷彿させる。

一月「小さな暖炉の傍で」

そして　和やかに安らぐ片隅を
夜の薄闇が包み込む
暖炉の中　残り火は消えかかり
やがて　蝋燭は燃え尽きる
A・プーシキン

一転して、長い冬の夜の情景が広がる。しかも屋外ではなく暖炉がパチパチ弾ける農家の母屋だ。穏やかでのどかな冬のロシアの農村の夜。暖炉の周りにはおばあちゃんの話を聴く子どもたち。途中で火が消えそうになり、あまりの居心地の良さに居眠りする子もいる。薪をくべて再び暖炉は勢いづき、最後は皆寝床に去って炎だけが静かに揺らめく。

二月「マースレニツァ」
もうすぐにぎやかなマースレニツァ
盛大な宴が活気づく
P・ヴャーゼムスキイ

続く快活でにぎやかな二月のマースレニツァを、チャイコフスキイはキリスト教の「謝肉祭」としてではなくキリスト教伝来以前の「冬送り」のお祭りとして描いている。冒頭のワーオンワーオンという音型はお祭りに欠かせないアコーディオンの模倣だろう。ユーモアと祝祭気分にあふれ、祝日や祭りに繰り出す民衆の雑踏や大道芸人の滑稽な態回しが饒舌に描かれている。つまりヴャーゼムスキイのエピグラフの続きがチャイコフスキイの音楽につながる趣向である。［一柳富美子］

春

三月—五月

三月

春は、「光の春」からはじまる。雪が降り続き、厳寒が居座る。だが、太陽の光がだんだんに増してきて、大きな雪溜まりの上に降ったばかりのふわふわの雪がきらきらと輝く。夜に積もった雪は厳寒で沈下し氷の層になる。ますます太陽の光は増し、雪が解けはじめる。屋根から絶え間なく滴が落ち、氷柱がたれ下がる。やがて大地には今年初めて地面が顔を現し、空には大きな綿菓子のような積雲が浮かぶ。

ロシアの四季を彩る生き物といったら、なんといっても鳥たちだ。春の兆しは、冬中人家近くで過ごしたシジュウカラの元気いっぱいの「くるよ（プリジョット）、くるよ（プリジョット）」の鳴き声だ。この声に応えるように、渡り鳥たちの先陣を切ってミヤマガラスが南の国から飛来する。激しい嵐や吹雪をくぐり抜け、寒さと飢えに多くの仲間を失いながら、まだまだ毎日雪が降るなかをミヤマガラスは大群でやって来る。「ミヤマガラスは冬をつついて、穴を開ける」とことわざにいう。ついに冬は春に道をゆずり渡した。ミヤマガラスに続いて小鳥たちが続々と帰ってくる。

春分の日は教会暦の「四十人の受難者の日」だ。民間ではソーロキ（四十人の日）あるいはジャーヴォロンキ（ヒバリの日）と呼ばれ、四十種類の小鳥たちが飛来するとされた。その日は練粉でヒバリの形をしたパンを焼き、子どもたちに配った。子どもたちはその鳥を手に屋根や高台に登り、春呼びの歌をうたった。たとえ「ソーロキから四十の朝寒（夜明け前の凍結）」といっても、一回ごとに寒さはやわらいで、暖かくなってゆく。

カエデと白樺の幹の中では樹液が梢の頂へと動きはじめている。深緑の針葉をまとったヨーロッパトウヒは長さ十センチもある大きな球果から熟れた種を雪の上に降り落とし、トネリコも雪解け水が流れ出す前に種を播き終える。まだ雪溜まりは日の光に輝いているけれど、雪のもとではじまった三月は「水の春」四月へと移ってゆく。

四月

地面には雪が消えずに残っている。川の氷が割れ、流氷（レドローム）がはじまり、氷と水がどっと地面に押し寄せ、通行不能だ。氾濫した水は野や草原を浸し、窪地を満たし、自由気ままに水音を立てながら低地へと川のように流れ込む。押し寄せる洪水から逃げ出せず犠牲になってしまう動物たちも少なくない。氷のなくなった水辺には飛来したカモメやマガモたちが群れ、空を見上げれば、ツルが北へと飛んでゆく。

森にはまだたくさんの雪が残るけれど、草原の地面をおおっていた雪は消え、日当たりのいい斜面で春告げ花の一番手フキタンポポが太陽に向かって小さな黄金色の花を開き、丘を黄に染める。森の湿地ではセイヨウハンノキが花らしからぬ花を咲かせ、垂れ下がった雄花はすぐ下の枝につく小さな丸い雌花に大量の花粉を降り注ぐ。花粉の多さといったら、枝をゆすると、生物季節学者が言うところの「花の雲」がかかるほどだ。この木の開花は昼夜の平均気温がプラス五度になったことを意味する。日当たりのいい場所ではハシバミがハンノキのように大量の花粉を振り撒いている。森のトウヒのかげでは「森のライラック」と呼ばれるヨウシュジンチョウゲが芳香のする藤色の小花を咲かせている。

土壌の凍結が解けると町はずれや田舎の道はぬかるみで泥んこ。そりはもちろん、四輪馬車でも通れない。

森では白花のヤブイチゲ、キバナイチゲ、キバナノアマナ、ニオイスミレなど、春告げ花が次々と咲く。ミツバチの巣箱を外へ出す時が来た！

五月

種蒔《ま》きの五月は穀物の蓄えがなくなる時でもある。秋蒔き穀物を収穫するまで腹ぺこは続くのだ。とうに底をついたキャベツのかわりに、野に生えてきたスイバとイラクサの若い葉をスープにして食べよう。キノコカレンダーのトップ、デコボコした網目状の丸頭をしたアミガサタケが顔を出す。ヨーロッパでモリーユ（モレル）と呼ばれ、おいしいと人気のキノコだ。頭のとんがったトガリアミガサタケもある。雪解け水のにおいがする春のめっけものだ。

晴れた気持ちのよい日が一転寒くなったりもするが、日増しに大気は暖まり、目覚めた大地に太陽は惜しみなく光を注ぎ、暖気は植物を元気づける。まどろんでいた森は蘇る。初雷、初ツバメ、ソロヴェイ（サヨナキドリ）の初鳴き――これらはすべて春爛漫の季節の前ぶれだ。

森は木々の葉で、草原は草で彩られてゆく。白樺もナナカマドもヤマナラシも、オークを除いたすべての木々が小さな葉を出す（オークはほかの木々におくれて葉を出す）。「花冷え」を伴ってエゾノウワミズザクラの花が風にゆれてかぐわしい香りを放ち、白い靄《もや》となって咲く。

果樹園ではナシ、サクランボ、リンゴ、スモモが咲き、庭園ではライラックが開花する。庭全体を香り高きライラックがうめつくして咲くなか、昼も夜も聞こえてくるのはソロヴェイの歌声だ。ソロヴェイは雛が孵化《ふか》するまでさえずり、それはライラックが咲き終わる時期とほぼ同じだ。ライラックが花開いている時、ソロヴェイのさえずりは終わることがない。まさに今、春爛漫だ！

五月二十二日は春のニコラの祭日だ。ロシアの農民にもっとも愛されてきた聖人ニコラは農作、牧畜の守護者で、この日はそれにまつわる多くの儀礼があり、盛大に祝われた。牧草が育ったこの日から九月二十二日まで馬の夜間放牧がされた。若者たちは今年初めて草原の夜間放牧に出かけ、たき火を囲んで宴会を開き、娘たちもやって来て、一晩中踊ったり、歌ったりした。子どもたちもたき火をたいて馬と夜を過ごした。

オークはほかの木々よりおくれて葉を出し、下旬にぱっとしない花を咲かせる。森ではスズランが咲き、草地ではタンポポとワスレナグサがあたりを黄色とルリ色に染め分ける。

ムラサキツメクサが咲きはじめ、ライ麦の穂が顔を出すと春は終わる。

［小林清美］

渡り鳥

早春の雪解けの風景をにぎわすのはミヤマガラスの一隊である。ロシアを代表する風景画家のひとり、A・K・サヴラーソフの《ミヤマガラスの飛来》は、モスクワから三百四十キロほど離れたコストロマー付近のモルヴィティノ村を描いたもので、春鳥の先陣を切ってロシアの地に飛んできたミヤマガラスの肖像画と言えるだろう。

鳥の大移動は年間を通じて二度、春と秋である。ロシアの厳寒が終わるころには無数の鳥が徐々にこの地を訪れるが、その中には避寒のためにアフリカにいたツバメや、オーストラリアからはるばる飛んでくるチドリ等もいる。

ロシアの民衆にとって渡り鳥の羽音は春の足音であり、彼らの飛来は大切な記念日として今でも民間の暦の中に残り続けている。また、春鳥の風景は民衆の言語文化の中にさまざまな俚諺《りげん》や謎かけを生み出した。

民衆だけではない。作家や詩人が記した文章も春鳥のいる風景についての貴重な資料である。彼ら

A. K. サヴラーソフ《ミヤマガラスの飛来》(1871)

には森に巣くう鳥や動物たちに詳しい者もいて、作品の中に鳥たちのスケッチを残している。

こうした文化的財産を手掛かりに、今日のわれわれも異国の地にいながらにして、何世紀にもわたるロシアの伝統の中の渡り鳥の姿を知ることができるのである。三月十七日はミヤマガラスの日である。ことわざには「もしもミヤマガラスが真っすぐ古巣に飛んでいくなら、春は一気にやって来る」とあり、この日には訪れた春を喜ぶように、人々はミヤマガラスの形をしたパンを焼いて、通りを行く人をもてなした。

三月二十二日の春分の日はロシアでは「ヒバリの日」の別名で知られる記念日である。この日にはヒバリ形のパンを焼き、ヒバリが四十種類の鳥とともに春を引き連れてくることを祝った。子どもたちはパンを手にして元気よく春呼びの歌をうたう、「冬よ、早く去れ、春よ、やって来い！」と。言い伝えでは、もしこの日が暖かければ、その後四十日間は穏やかな天気が続くが、逆に寒ければその間、早朝の厳寒を覚悟しなければならない。この時期にはヒバリのほかにムクドリ、セキレイやクロツグミ等そのほか数多くの鳥が飛んでくる。

四月七日の聖母福音祭の日には、人家で飼われている鳥を放すという習慣がある。ロシア以外のスラヴ地域ではこの祝日は遠い異国から渡り鳥が帰還する日として理解されていたようだが、ロシアでは、家鳥を逃がしてやると、彼らが自由にしてくれた人々に幸福をもたらしてくれると信じられていた。この日のためにわざわざ事前に鳥を購入し、養っておく人々もいるほどであった。

また、この日には鳥占いをすることもあった。少女たちは外に出て、どんな鳥に一番よく出会うかを数える。もしハトであれば、春中ずっと幸福で喜びにあふれ、もしワタリガラスだったら、逆に憂鬱だろうし、スズメとツバメだったら、平穏と安定が約束され、セキレイや鳥の遺骸だったら、それは空虚や金銭上の問題を予言している、といった具合である。

ミヤマガラスが冬の終わりと春の始まりを告げるとしたら、翼に本当の春を乗せてやって来るのはツルだ。ツルは夏の到来に向けてのカウントダウンの始まりを知らせてくれる鳥であった。民間の暦によれば、ツルの飛来は四月十七日である。農民はその年の春最初のツルの声を聞くと野に出て、働き過ぎで背中が痛くならないように、草の上に横たわって七回寝返りを打つ。

このように、ロシアの人々の春を待ちわびる気持ちが、遠方の国々からはるばるロシアの地に帰還した鳥たちへの愛情となって、さまざまな伝統的習慣の中に表れている。

花咲く五月は夏にむけてすべてが輝きを増していく季節である。五月十五日のソロヴェイ（サヨナキドリ）の日は彼らがさえずり始める日で、この日ばかりは畑を掘ったり、耕したりすることはやめなければならない。そして民衆はいう。ソロヴェイが一晩中歌っていれば、一日中晴れるだろう、もしカッコウよりも先にソロヴェイが歌い出したら、夏は幸せに過ごせるだろう、と。

ソロヴェイの声は格別で、春真っ盛りのこの時期、なんといっても主役の座を占めるのはこの鳥である。その声に魅せられた者は数知れず、熱烈なソロヴェイ愛好家たちは大枚はたいて選りすぐりの「歌い手」を買い求めた。そのために賭博で身を滅ぼす者もいたという。また、お気に入りの一羽が死んだ哀しみから、飼い主も後を追うように亡くなってしまったなどという話もあるほどだ。こうしたソロヴェイ熱は、歴代のロシアの作家や詩人たちの作品の中でも描写されている。自他共に鳥博士と認める作家ツルゲーネフもその一人で、彼は「いいソロヴェイはクールスクで見つけられる」「目が大きくて、鼻が太くて、足が長くて肩幅の広いものを選ぶ必要がある」と、品定めに熱心だ。また、「若いソロヴェイを帽子に隠し携え、熟年ソロヴェイのいる飲食店で密かに歌を学ばせる」という狩人たちのノウハウにも通じていた。

貴族領主もまた、自身の所有領地の経営を通じてロシアの自然と出会い、とりわけ狩猟の時期にさまざまな動物とふれあう機会をもった。猟犬を従えて猟銃を手に森を歩き回りながら、彼らは季節の鳥を仔細に観察し、次第にその形状や習性について詳しくなっていった。

たとえば名門貴族出身の作家S・T・アクサーコフは『オレンブルグ県の銃猟家の記録』の中でさまざまな動物たちの描写に紙面を割いており、そこにはハクチョウやツルやツグミ等、鳥たちについて猟人らしい熱中ぶりと細やかな観察眼が発揮されている。彼の主張によれば、猟人にとって「もっとも貴くて詩的なのは春、鳥たちの飛来する時期」である。その一方で、この作品には春鳥たちに向けて小銃で狙いを定める猟人の姿が描かれる。「チドリの肉は非常に軟らかくてうまい、ただ残念なことに彼らは数が少ない」という残酷な記述にも出会う。渡り鳥たちの産卵期はおもに五月だが、それはロシアの猟人たちの狩猟魂をかき立てる季節であり、鳥たちにとってはきわめて危険な時期であったに違いない。

ツルゲーネフの『猟人日記』にはオリョールの自然に棲息する鳥たちが登場するが、その中でも次のふたつの春の場面はとりわけ印象深い。鳥をめぐる猟人の複雑な思いが活き活きと描かれているのである。

一昨年はツバメがそこの隅っこに巣まで作って、子どもを産んだんです。それは愉快なことといったら！……私はあのツバメたちを翌年も待っていたんですよ。なのにそれを、噂じゃ、ここいらの猟師が銃で撃ったということです。……あなたがた猟師の旦那達は、なんて意地が悪いんでしょう！

「ツバメは撃たないんだよ」と、私は急いで指摘した。

……とうとう広い樫の茂みから一羽のクイナが飛び出した。私は撃った。それは空中でもんどりをうって倒れた。銃声を聞いてカシャンは素早く手で両目をおおい、私が銃をしまって、クイナを拾い上げるまでじっと動かなかった。私が先へ歩き出した時、彼は撃たれた鳥の落ちた場所に近寄って、幾滴か血の滴った草の上に屈み、頭を振って、怯えながら私を見上げた。その後彼が呟くのを聞いた。「罪なこと、……あぁ、これが罪っていうやつだ」

春にロシアの地を訪れる鳥たちは民衆から愛と敬意をもって迎えられ、その思いはさまざまな祭事や占いとなって継承されてきた。そしてまた、彼らは猟人たちの情熱の対象にもなった。誰もが皆、春の到来と鳥たちの飛来を待ち望んだのである。

［金沢友緒］

ロシアの雪割草

ロシアで雪が消えるのを待ちかねるように地上に顔を出す春告げ花は「ポドスネージニク」と総称される。ポドスネージニクとは本来、「雪の下にあるもの」「雪の下から採ったもの」「雪解け後すぐに現れるもの」の意味である（そこから冬の間屋外に放置されて雪に埋もれ、春になると現れる自動車や死体、道路上の犬の糞なども冗談半分でポドスネージニクと呼ばれる）。

「四月の花は雪を割る」とはポドスネージニクをたとえる言葉だが、日本の春告げ花はしばしば「雪割草」の名で総称される。植物図鑑の中の「ユキワリソウ」はサクラソウ科サクラソウ属の高山植物のことだが、春早くに園芸店で通称雪割草の名で出回る鉢植えは、ミスミソウである。長野や岩手などで雪の残る地面から出て花を咲かせ「ユキワリソー」の方言で呼ばれるのは、イチリンソウ、フクジュソウ、ショウジョウバカマなどだ。ロシアのポドスネージニクは日本の雪割草とよく似た使われ方をしている。

森の草地でポドスネージニクの花々が咲きはじめると、冬の間雪に閉じ込められていたロシアの人々はわれ先にとそこへ出かけて行き、摘み採って、花束をつくり、それを手に春が訪れたことを実感する。

植物図鑑の中のポドスネージニクはスノードロップだ。白い花を一輪下向きに咲かせ、春の訪れを真っ先に告げるこの小さな球根植物は、ヨーロッパと同じようにロシアでも愛されている。スノードロップはヒガンバナ科ガランサス属（スノードロップ属、マツユキソウ属ともいう）で、花が咲き終わると種子を実らせ、球根に栄養をたくわえて、六月には茎葉を枯らせて、早々に休眠に入る。スノードロップはヨーロッパからウクライナ、中部ロシアの南の地域、コーカサスに約二十種自生する。ヨーロッパ、ロシアで代表的なのはイギリスで「コモン・スノードロップ」と呼ばれる種類で、ロシア名「雪白のスノードロップ」、和名は「マツユキソウ」。日本でよく知られ、上演されている児童文学作家マルシャークの戯曲『森は生きている』（原題『十二の月』）の中で大晦日に継母のいいつけでまま娘が森に探しに行く「まつゆきそう」である。大昔から栽培され、今では数百の園芸品種がある。日本とはちがって、ロシアでは簡単に増え、次第に群落をつくってゆく。早春、うち捨てられたかつての地主屋敷の周囲に白い花の海となって咲いていることがよくあるという。

日本で早春に鉢花で出回るミスミソウが通称で雪割草と呼ばれるように、ロシアでも通称でポドスネージニクと呼ばれるのが、シラー・シベリカ（シベリアツルボ）とミスミソウである。このふたつのポドスネージニクはしばしば「空色の」「青色の」と形容される。

スノードロップ

シラー・シベリカ

ミスミソウ

中島久美子画

空色の　清らかな
雪割草の花
傍らには透き通った
なごりの淡雪

A・A・マーイコフ

この詩は、時に小さな球根植物のシラー・シベリカを、時にミスミソウをうたった詩として紹介されている。

空色の花といったらシラー・シベリカのコバルトブルーの花の右に出るものはない。和名はシベリアツルボ。名前にシベリアとつくけれど、シベリアには自生しない。分布はヨーロッパ南東部からコーカサス地方、ロシアの黒土地帯の森にも自生する。春を告げるコバルトブルーの可憐な花として、スノードロップとともに栽培され、時に野生化し、群落をつくる。ソ連時代、作家のV・A・ソロウーヒンは、早春にしばしば滞在するモスクワから百キロあまり離れた、以前のガガーリン公爵の領地にある休息の家の森で四月にたくさんのプロレースカが咲き、毎日滞在者たちがその公園に列をなして出かけては「青いポドスネージニク」を両手いっぱい抱えて戻ってくる、そのためプロレースカは毎年減ってゆく、と嘆いている。

もうひとつの「空色のポドスネージニク」は一般の呼び名ペレレースカ、学名へパティカ・ノビリス、ロシア名は学名の訳語で「高貴な肝臓草」である。日本のミスミソウは学名へパティカ・ノビリスの変種のひとつである。ロシア生物季節学の父D・M・カイゴロードフは革命前にロシア中に自然観察のネットワークをつくり、森への愛情あふれる文章で人々の関心を自然に向けた。かれは「空色のポドスネージニク」について書いている。「年経た陰気なトウヒの森は、突然生命に満ちあふれたかのようだった……森の縁や草地沿いに愛らしい空色の瞳がぱっちり開いて、おずおずとこの世を見ていた。わずかに地面の上に身をもたげ、抗いがたい魅力で手招きしていた」。あまり日の射さない森の北側斜面に生育し、花を咲かせるのは雪割草こと、ミスミソウである。

現在、日本ではインターネットなどで『森は生きている』の中で「まま娘が森へ採りに行くのはスノードロップである」が通説となり、広まっている（たとえば、ウィキペディアの「スノードロップ」の項目）。それは戯曲の中の「ポドスネージニク」がコモン・スノードロップの和名「まつゆきそう」と訳されていることによると思われる。ロシアのアニメや絵本でもスノードロップのうつむいた白い花が描かれていることがあるが、それは植物図鑑の中のポドスネージニクがスノードロップだからだろう。

しかし、岩波書店の愛蔵版（初版一九七二年）で、ふたりの画家によってポドスネージニクの絵が描かれているのを見ると、表紙にアルフェフスキイが描くのは編み籠に入った空色と白い花、挿絵にはズスマンが描く「空色のペレレースカ」。すなわち、これらは日本でいうミスミソウ、通称雪割草だ。

あらためて戯曲の中のポドスネージニクの特徴を見てみると、

①王様の温室や庭園にはない、野生の花で雑草である。
②四月に雪の下から顔を出し、森の盛り上がった土のあたりで咲く。
③茎には柔らかな毛が生えていて、花は空色と白い色である。

これらの特徴（特に「茎に毛が生えている」）からも、まま娘が森に摘みに行くのはスノードロップではなく（つまり「まつゆきそう」ではなく）、「空色のペレレースカ」、学名ヘパティカ・ノビリス、日本の通称雪割草（ミスミソウ）だろう。

早春の雪解け直後に咲く花々についてポドスネージニクと雪割草が同じような使われ方をしていることは、長く厳しい冬のあとに春の訪れを告げる花々を目の前にした人々の気持ちにロシアも日本も変わりがないことを表しているのではないだろうか。

［小林清美］

春雷

二〇一七年春、報道サイト「今日のロシア」に次のような記事が掲載された。

二〇一七年三月二日モスクワ。

首都圏の三月初頭の暖気のため、モスクワは今年春一番の雷雨に見舞われた。翌週の気温は八度まで上がる見込みである。

三月初めに雷雨というのは珍しく、このような現象は十〜十五年に一度ぐらいしかないらしい。記事には温度計測結果のほか、注意深い者なら今年の春一番の雷鳴を聞いたかもしれない、とも記載されていた。

どこの国でも農耕社会では、生活者にとって春の嵐や雷は少なからぬ関心事であった。ロシアも同様で、民間暦には春の最初の嵐の日というのがあって、「ワシリーサの日（三月二十三日）」がそれにあてられている。とはいえ、季節の訪れには大きな地域差があり、ロシアのように大きな国ではなおさらだ。年によっても大きなずれが生じる場合があり、同じモスクワでも二〇一四年の最初の春の雷雨は四月二十八日だったという。さらに十九世紀半ばまでさかのぼると、たとえばスモレンスク地方では四月末の雷雨もまれで、五月まで来ないこともたびたびあったそうである。

雷については、日本に雷神信仰が存在するのと同様に、ロシアでもかつては神話的な解釈がなされていた。雷鳴、豪雨、稲妻等の自然の脅威に起因する神話はロシア人の日常生活の中の季節の体験と結びつき、雷にまつわる数多くの俚諺や迷信が生まれた。

十八世紀の作家M・D・チュルコフの『ロシアの迷信辞典』(一七八二)には、雷にまつわるさまざまな興味深い情報が収録されている。「雷が轟く時、それは預言者イリヤが炎の馬車を空に走らせ、自分を怒らせた神や悪魔に矢を放っているということだ」

中世ロシアでは広く雷神ペルーンが崇拝されており、ペルーンの偶像がキエフの丘の万神殿に建立されていた。しかし、性急なキリスト教への改宗によって、キリスト教と異教の混淆《こんこう》した二重信仰が生まれ、異教の神々の形象はキリスト教の聖者に融合されていった。ペルーンも同様に、その機能や性格が預言者イリヤに引き継がれた。

「イリヤの日」が八月二日であることからもわかるように、雷に出会うのは夏や秋が多い。したがって春雷はかえって人々の関心を呼び、新しい季節の到来を示す現象としての役割を果たしていた。「雷が鳴るまでは地面から雪はなくならない」ということわざのとおり、春雷は季節の顕著な変化を示す合図だったのである。人々は全身を耳にして春雷の訪れを待ち構える。また、ロシアの民衆の間では最初の雷が鳴るまでカエルは鳴かないと言われていた。人々はカエルの微妙な変化にさえ春の雷鳴を感じとろうとしたのだ。俚諺には、雷の訪れる時期や訪れ方によってその後の気象や生活を占うものも多かった。「三月の雷は豊作の印だ」や「早春の雷で、稲妻が光って、音が聞こえなければ、夏は日照りになるだろう」等はそれにあたる。春の到来を告げる雷だが、早ければ早いほど歓迎されるのかというと、そういうわけではなかった。「もしも雪や氷がある間に雷が鳴ってしまったら、夏は暖かくならない」と言われるように、手順はきちんと踏んで欲しい、というのが人々の本音のようだ。

春雷は人々の一年の健康や災いを左右する現象として捉えられてもいた。「最初の雷が響いている時に水浴びをすると、その一年はどんな病にもかからない」という言い伝えがあり、「最初の雷鳴を聞いた時に、川か井戸へ行って乳桶から水を浴びれば、稲妻に打たれて死ぬことはない」や「春雷を聞きに家から飛び出していけば、その年はきっと裕福になるだろう」等はこれと似た意味を持つ表現であろう。

雷を聞いて「木か木の壁に背中をもたせかければ、その年は一年中背中が痛むことはないだろう」という俚諺に表れているように、春雷はロシアの民衆に畏れられ、かつ神聖視されていた。

春雷は時として作家や詩人の創作意欲も刺激した。夏を迎える喜びを詩行に籠め、あるいは事件の不穏な展開の予兆として物語に取り込むなど、彼らはこの時期の雷鳴を思い思いに創作に活かしたのであった。

十九世紀末の詩人ブーニンは「最初の雷鳴」で春の訪れをうたっている。

再び青い雨雲が辺りに立ちこめて、
遠くに雨靄が幕となってかかり、
森から、野から、暖気が感じられた——
そしてほら、もう春の最初の雷が轟き、

森からは虹が煌めいている！

五月は南方より林と野を通りぬけていく――
まるで若々しくて晴れやかな神のように、笑い、歓喜に満ちて、
生命を目覚めさせ、我々に告げる、
既にここ最近の暗鬱な日々に終焉が訪れ、
春が勝ちどきをあげていることを！

春雷は、作家によっては陰鬱と不安の象徴として用いられることもあったが、この詩では五月という明るい季節の到来の予兆として喜びを込めてうたわれている。
最後に十九世紀末の作家チェーホフの父親の日記を一部紹介しよう。「最初の雷」、つまり春雷についての記述が登場している。

一八九三年五月十七日
聖霊降臨祭。礼拝と十字架行進。最初の雷鳴と小雨。
一八九四年四月二十六日
カラスムギを耕すのに六人の人間を雇った。三頭の馬は馬鍬で地面を均している。最初の雷鳴と雨混じりの稲妻。タマネギが庭に植えられる。

チェーホフの父親の家系は農奴であったが、祖父の代に自由身分を買い取り、父は商いの仕事に就いていた。彼は晩年を息子アントンが購入したメリホヴォの領地で過ごし、雇い人たちが働く姿とともに、鳥の到来、天気や気温の変化等、農事を監督する者ならば把握しておかねばならない季節の時報も書き記していた。素朴な備忘録であるが、春雷の轟きを耳にしながらせっせと農事に勤しむロシアの人々の風景を、今日のわれわれにも想像させてくれるのである。

［金沢友緒］

土起こしと種蒔き

雪が解け、川の氷が割れ、春の大水が大地を湿らせるころ、鳥も動物も虫たちも活動を始める。冬の間、暖炉のそばでぬくもって過ごした農民も、土が乾くのを待って、春の畑に出る準備に余念がない。冬の道を市場に通ったそりの梶棒をはずして、荷車を使えるようにしたり、畑を耕す犂《すき》や馬鍬《まぐわ》の手入れをしたりしながら、その時を待つ。大地が温まってくると、生産の力が蘇る。去年の秋に蒔いたライ麦は雪の下で冬を越し、真っ先に畑で緑の新芽を吹いてくる。今度は春蒔き麦の番だ。種籾はしっかり実がいったものを選別して湿気らないように大事にとってある。畑の仕事は、種を蒔く前の土づくり、つまり、犂で土を起こすことから始まる。

犂は、ロシア人の祖先のスラヴ人が、その昔、ドナウ川の方から土地を求めて移動してきた時、穀物の種とともに携えてきたという。北の方では森を切り開いて、南の方では平原を開墾してきた。ロシア人は根っからの農耕の民で、犂との付き合いは長い。やがてキリスト教を受け入れて正教を信奉するようになると、農民たちの間では昔からの農耕儀礼や風習が正教の教えと結びつけて語られるようになった。季節の移り変わりや大切な農事がその日その日の聖者たちにちなんで記憶に刻まれ、人々の間に口伝えの農耕暦ができあがったのである。一年三百六十五日、どの日にもその日を記念する聖者がいて、聖者たちの名前は日付代わりとなって農事の目安を告げる。その暦には農民たちの日々の暮らしとともに豊作の占いや祈りも織り込まれている。

村ではどの家でも冬のうちから暦にそってあれこれ気をもんだり、収穫の祈願をしたりした。たとえば、洗礼祭（一月十九日）に綿雪を見たら穀物は豊作だと喜び、快晴なら凶作を心配したし、聖母福音祭（四月七日）には教会で清められた聖パン（小型の円筒型のパン）を穀物置き場に供えた。復活祭前の受難週間の木曜日には教会に行って、徹夜で祈った。それに加えて昔ながらに夜明け前に外に出て土起こし、種蒔き、刈り取り、脱穀などの労働の仕草を儀式としてする地方もある。

　春の大地は、いったん眠りから覚めると日々大きく変化する。早春のまだ冷たい水が引くか引かぬかのころ畑仕事に農民を駆り出すのは若き勇者、エゴーリイ（聖ゲオルギイ、ユーリイとも呼ぶ）だ。この日の言い伝えには、寒の戻りや露によって作物の生育を占うものや春の仕事始めを促すものが数多くある。「エゴーリイ（五月六日）には怠け者の犂も出かけて行く」もその一つだ。また、「エレメイ（五月十四日）、種の籠を（肩に）下げよ、エレメイ（六月十三日）、種のかごを下ろせ」というが、前者のエレメイは預言者イエレミヤ、後者は殉教者エルミイのことで、農民の言い習わしでは同じようにエレメイと呼んでひとくくりにしている。それぞれ旧暦では五月一日と五月三十一日にあたっていて、このひと月の間に犂で土を耕し、

犂

馬鍬

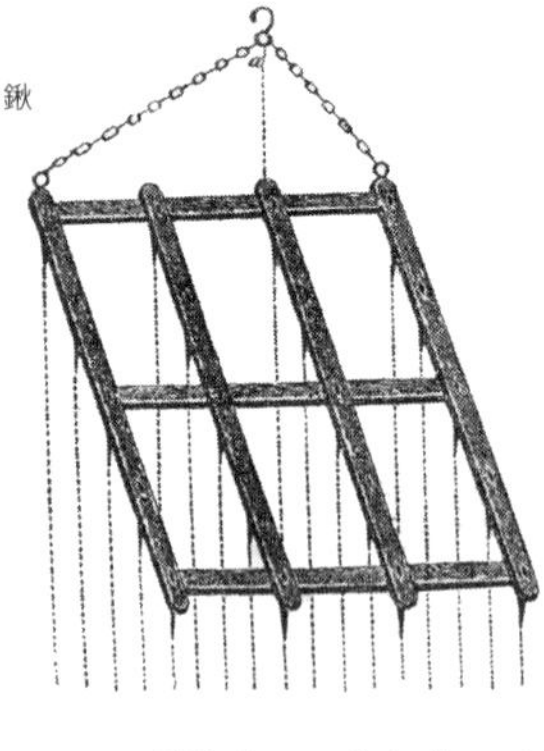

マクシーモフ『穀物袋とその往来』(1982)より

種を蒔き終わらなかったら、一年中パンなしだぞと警告している。五月は目覚めた土にすべてを託す種蒔き月だ、ぼやぼやしてはいられない。

種を蒔く前には馬や去勢牛に犂を引かせて、土を柔らかくなるまで何度も掘り返してかたまりを砕く。犂を操るには力が要るが、そのおかげで土は空気を含んで柔らかくなる。そこへ冬の間に家畜の糞と藁《わら》を混ぜて熟成させておいた堆肥を屋敷から運び出してきて、それを混ぜ込むために、また犂を引く。最後に、栄養をもらった土の上に馬鍬を走らせて地均しする。馬鍬は軽い木枠でできているから、春の畑を軽快に駆ける。馬鍬が、重い犂に「さあ、もっと深く！」と言うと、犂が「もっと広く、もっと浅く！」と応えているようだ。春風の中で犂と馬鍬が大働きすると、土は種蒔きを待つばかりとなる。

A. G. ヴェネツィアーノフ《耕地にて、春》(1820)

何が主な穀物かは土地によって違う。ロシアには「三つの麦の王国――小麦の国、ライ麦の国、大麦の国」があると言われるが、その場合、小麦は暖かいところが好きなのでその国は南の方にあり、その北、中央ロシア一帯がライ麦の国で、秋に蒔いて冬を越して育つが、そのライ麦圏でも北の方では春蒔きだけになり、さらに北のアルハンゲリスクでは寒さに強い大麦だけになる。この三つの麦に加えて燕麦やソバもロシア人にとって欠かせない穀物だ。それぞれが好んで育つ土地があり、蒔き時がある。ことわざに言うように「どの穀物にも自分に向いた畑がある」し、また「どの種も自分の時を知っている」。最初の種蒔き日を決めるのは、経験と知識を蓄えた爺さん農夫の役目だ。その日は、みんなの期待を背負って、胸から種籾の入った編み籠を下げ、裸足で土を踏んで水気や温度をじかに感じる。祈りの言葉を唱えつつ一握り蒔くのは、蒔き始めのしきたりだ。

最初に蒔くのは燕麦で、早ければルフの日（四月二十一日）で「ルフに燕麦を泥に蒔けば、殿様になれる」というが、燕麦は発芽の時に水気を欲しがるたちで、馬の最上の飼料として良い値で売れることもあるからだ。実際には蒔き時を見極めるため、自然の変化にも気を配る。「カエルが鳴いたら、燕麦を蒔け」「白樺が芽をふいたら、燕麦の蒔き時」とも言い、暦ではエフセイの日（五月十一日）には蒔き終えろ、と言う。小麦も湿った土に蒔くが、ライ麦はその反対で乾いた土ほど好み、「灰に蒔けば、ちょうどよい」という。蒔き時の真っ盛りには春爛漫を告げるニコラの日（五月二十二日）がやって来る。ニコラは農民たちにもっとも慕われる守護聖者で、この日は春の陽気の中、若者たちが一晩中野外で過ごせるお祭り日だ。もう寒さが戻らない緑の季節になる。牧草も春蒔き麦もいっせいに勢いを増して育ち始める。

ニコラの日の後も遅蒔きの作物の種蒔きは続く。大麦は南の方では四月から蒔けるが、北では大地が温まるのが遅く、春蒔き期間の終わりを告げるチーホンの日（六月二十九日）まで蒔ける。北方は夏にたっぷり日照時間があって一気に成長するからだ。ソバと亜麻は遅蒔きで、ミトロファンの日（六月十七日）から蒔き始める。ソバ蒔き日のアクーリナの日（六月二十六日）はもうすっかり夏の陽気だ。慈愛の穀物とされるソバは乾燥には強いが、冷気と湿気には耐えられないのだ。

このほか春は、菜園にも野菜の種を蒔いたり、苗を植えたりと忙しい。暦では、イリーナの日（四月二十九日と五月十八日）はキャベツの苗を畑に移す日とされた。「クジマ（五月一日）にニンジンとビーツを蒔け」、シードルの日（五月二十七日）に「キュウリを植えて、亜麻を蒔け」、ただし北風だったらキュウリは植えず、先延ばしするが「レオンチイ（六月五日）には植え終えろ」という。レオンチイの日は麻を蒔く日でもある。

こうして種蒔きが終わると、村ではイワンの日（七月六日）までは暖かい雨を請い、その後はイリヤの日(八月二日)まで晴れ渡ったお日様の日が多いことを祈る。

［石川あい子］

放牧

五月に入ると牧草が生えてくる。冬の間干し草で養っていた家畜を再び放牧する季節の始まりだ。ロシアの農民は多くの場合、穀物耕作と畜産を組み合わせた農業を営んでいた。地域によって畜産の規模や傾向は異なるが、主な家畜（家禽《かきん》）は馬、牛、羊、鶏であり、そのほかに山羊《やぎ》、豚などが飼われていた。馬はおもに馬車や農具の牽引《けんいん》用として、牛は乳製品と食肉用、羊は羊毛、鶏は卵のために欠かせない。豚はもっぱら食肉用である。山羊は乳のために飼育されることが多かった。豚や鶏の飼育は家の敷地内で完結するが、主要な家畜である馬や牛、羊は、放牧に出す。春先の干し草の残量を心配してきた人々にとって、春の放牧の始まりは格別な意味を持っていた。

竜を退治する聖ゲオルギイのイコン（14世紀末、ノヴゴロド）

多くの地域で放牧開始の日とされていたのは、春が始まると考えられてきた日、すなわち五月六日の「エゴーリイの日」であった。「エゴーリイ」とは竜退治の伝説で有名な聖ゲオルギイのことである。東スラヴでは「ユーリイ」の異名も持つことから、「ユーリイの日」とも呼ばれている。同名の聖人の日は晩秋にもあるので（十二月九日）、それぞれ「春のエゴーリイ」「秋のエゴーリイ」などと呼ばれて区別されてきた。

聖ゲオルギイは戦士の守護者としてモスクワやイングランド、ジョージア（グルジア）の守護聖人になっているが、ロシアの農民の間では家畜の守護者として崇敬を集めてきた。春のエゴーリイ（ユーリイ）の日に降る雨は牧草の成長を促すものとして喜ばれ、「春のユーリイが雨なら、雌牛が豊かな乳を出す」「ユーリイに露があれば馬に燕麦はいらぬ」といった言い伝えもあった。

この日、人々は家畜の無事と健康を祈って、さまざまな儀礼を施した。多くの地域で行われていたのは、キリスト教に由来する聖物や不浄な力が嫌うとされる呪物を持って、家畜のまわりを回るという儀礼である。聖物としては、聖ゲオルギイのイコン（聖像画）や蝋燭、復活祭の時に染めた卵、復活祭の一週間前の聖枝祭（キリストのエルサレム入城を記念する祭日）、いわゆる「ネコヤナギの日曜日」に清めたネコヤナギ、聖水（一月の洗礼祭の時に川などから汲んだもの）などが用いられる。ネコヤナギは、家畜を放牧地に追い立てる時にも使われた。呪物となるのは、鞭やナイフ、斧などである。

寒い地域だと、春のエゴーリイの日が来てもまだ牧草が生えていない。そういった地域でもこの日、儀礼的に家畜を最初の放牧に出す。逆に暖かい地域では、エゴーリイの日よりも早く放牧に出すが、それでもこの日に特別な儀礼を行った。村人全体にとって喜ばしいこの日、若者たちが集まって春の娯楽を行う地域も多かった。

娘たちと牧夫（ルボーク（民衆印刷絵画）、19世紀半ば以降）

さて実際の放牧では、特定の牧者に家畜を任せる地域と、各戸から人を出して順番に番をする地域とに分けられる。牧者の多くは男性（牧夫）であるが、女性が行う場合もあった。特に各戸から順番に人を出す場合、馬の世話は男性や少年たちが、牛の番は女性や少女が担うことがある。この性別役割分担は、各家庭での家畜の世話にも当てはまる。特に乳しぼりは女性の仕事とされていた。

牧夫を雇う場合、その人物は各村の出身者であることも、よそ者であることもあった。しかしどちらの場合でも、自分の土地や家畜をほとんど持たない、相対的に貧しい男性が牧夫になることが多かった。そのため、牧夫の社会的な地位は多くの地域で低かったのだが、北ロシアなどの森林地帯では呪術に長《た》けた人物として尊敬されたり、時には強い力を持つ呪術師として恐れられたりした。これには、共同体の中で彼らが占める境界的な地位（よそ者、独り者、貧者など）が影響しているだけではなく、彼らが実際に家畜や自然に関する詳細な知識を持っていたこととも関係があった。放牧は常にオオカミの襲撃を警戒しなければならない、緊張を強いられる仕事であるが、特に森林地帯にはオオカミやクマなどの猛獣が多い。こうした危険な場所で働く牧夫たちは、オオカミや、オオカミを統率するという森の妖怪「レーシイ」との関係を構築するための呪術的方法を知っているにちがいない、と人々は考えていたのである。

放牧の開始日とされるエゴーリイの日には、牧夫たちもさまざまな儀礼を行った。ロシア農民の儀礼はしばしば、キリスト教的要素とそれ以前の自然崇拝的要素が混淆した、いわゆる二重信仰の様相を呈するのだが、牧夫がレーシイと関係を持つと思われていた森林地帯では、その度合いも高かった。筆者は民間音楽の著名な研究者であるＴ・Ｖ・キリューシナ氏から、かつてエゴーリイの日に牧夫たちが行っていたという興味深い儀礼を教えてもらったので、ここで紹介したいと思う。

モスクワの北東に位置するコストロマー州のウンジャ川（ヴォルガ川支流）沿岸地域では、十九世紀末から二十世紀初頭にかけて、牧夫をしている青年や男性たちがエゴーリイの日に、聖ゲオルギイのイコンや蝋燭を持って放牧地に出かけて行く習慣があった。ただしその時刻はなんと真夜中、すなわち五月五日から六日に日付が変わるころであり、しかも、鞭や太鼓、笛、鈴など、放牧で用いる道具や楽器を打ち鳴らし、どんちゃん騒ぎをしながら進んだという。放牧地では蝋燭、および松明《たいまつ》で作った小さな十字架をいくつも立てて、楽器を鳴り響かせながら「エゴーリイさま」への歌をがなりたてる。彼らは夜中の二時ごろに村へ戻ってくると、家畜を飼っている家に押し寄せ、家の人たちが寝ている窓の下で歌をうたって、儀礼遂行の報告と卵の贈り物の要求をした。卵をもらうと、家人の幸せと家畜の繁栄を祈願する歌をうたい、もらえなければ家が没落してしまえと罵る。こうして家々を回って卵を集めると、その半分を教会へ持っていってそれで聖ゲオルギイのために大きな蝋燭を買い、残りは自分たちで食べたという。

夜が明けてエゴーリイの日の朝が来ると、これらの地域の村々でも家畜を放牧に出す儀礼を行う。この時、教会の司祭が祈祷をあげながら家畜の周りを回るのだが、その後、牧夫たちは再び楽器を鳴り響かせ、独自の口上を唱えながら家畜の周りを回った。それが済むと、牧夫たちは錠前を締め（これはレーシイとの契約を表すという）、鞭をひゅんと鳴らしてから、家畜を放牧地へ連れていった。その日の放牧は儀礼的なものなので、しばらくすると彼らは家畜を連れて戻ってくる。家畜の持ち主たちは牧夫たちのために共同の宴を開くが、牧夫たちはさらにその後、森へ出かけて行ってレーシイのための御馳走を切株や蟻塚の上に置き、放牧の無事を願った。この時牧夫はレーシイの「取り分」となる動物の数（たとえば山羊一頭と羊一頭）を告げ、それ以外の家畜には手を出さないという「契約」をレーシイと取り交わしたという。こうした契約は秘密裡に行われることが多かった。

真夜中の放牧地でどんちゃん騒ぎをする牧夫たちから呼びかけられるこの「エゴーリイさま」は、キリスト教の聖人というより、レーシイ自身を思わせる。実際、ロシアの民間信仰では、聖ゲオルギイは家畜の守護者としてだけではなく、「オオカミの牧者」、すなわちオオカミの統率者としても知られていた。つまり聖ゲオルギイは、彼の配下にあるオオカミに放牧中の家畜を襲わせることもできると考えられていたのだ。牧夫たちの心の中で、レーシイとの密約と教会への崇敬とが矛盾することなく同居していた背景には、彼らのこうした信仰心があったのである。

ソ連時代になって農業集団化と反宗教政策が実施されると、放牧に関するこうした儀礼は、教会に関するものもレーシイに関するものも、急速に姿を消していった。ただ現在でも、ロシアの村々では各戸で牛や山羊、鶏、時には馬や豚が飼われている。ソ連解体後はガソリン代も高騰して農村では入手が難しくなったので、一部では馬車も復活した。牛を飼う家庭では、朝、牛を放牧に出し、晩に牛を家に迎え入れる。昔のように、特定の人が牧者を引き受ける地域もあるが、飼い主が順番に番をするところも多い。

現代では、春の放牧の始まりに特別な儀礼をする人は少ない。しかし不確定要素が多い家畜の飼育には、多くの人が不安を抱いている。牛が行方不明になったり、難産になったり、乳の出が悪くなったりした時、人々は超常的な力の影響を思わずにはいられないようだ。

［伊賀上菜穂］

COLUMN

呪文

二〇一六年に行われたある世論調査によると、ロシア国民の三十六%が呪術を信じているという。ソ連時代を経てなお呪術信仰は滅びることはなく、一部の人々の間で実践されている。呪術はさまざまな目的で行われるが、ここでは現代ロシアでももっとも有名な女性呪術師N・ステパーノワの呪文集『シベリアの呪術師の呪文』（一九九六〜。二〇一八年現在全四十四巻）より、菜園の豊作を願う呪文を紹介する。それにより、異教とキリスト教の混淆したロシアの豊かな呪文文化の一端を示したい。

　菜園の豊作を願う呪文がもっとも頻繁に唱えられるのは植え付けの時である。「種から茎が、／茎から根っこが。／育て、伸びろ、／百倍に増えろ。／父と子と聖霊の御名によって。／アーメン」。植え付け用の種に向かってこう唱えると、豊作が約束されるという。

　農作物を育てるのには水が欠かせないが、年によっては雨不足に悩まされる。そんな場合は、救世主イエスのイコン（聖像画）を持って天を見ながらこう唱えると良い。「［前略］主《しゅ》よ！　預言者イリヤに命じよ、／神の大地に水を飲ませるようにと、／雨によって、大いなる土砂降りによって／神の大地に水を飲ませるようにと。／神に御栄えあれ。御栄えあれ。／父と子と聖霊に御栄えあれ。／アーメン」。ここに登場する預言者イリヤは、旧約聖書において干ばつの際に雨を降らせる奇跡を行った者で、ロシアを含むスラヴ人の間では伝統的に雷や雨を司る者、そして豊作や豊穣をもたらす者として信仰されている。唱えれば必ず雨が降るとされる呪文である。

　雨がなければ作物は育たないが、一方で雨が降りすぎるのも困りものである。そんな時はこう唱えれば良い。「主よ、雨雲を風で吹き飛ばしたまえ、／細かく引き裂き、この場から失せさせたまえ、／汝の御名において、粉のような砂地へ、ぬかるむ沼地へ、／暗い森へ。／父と子と聖霊の御名によって。アーメン」

気候との関係でもうひとつ重要なのが、雹から作物を守ることである。雹が心配な時は、イコンの後ろに保存しておいた復活祭の彩色卵を窓から投げながらこう唱える。「聖なる復活祭よ、聖なる日曜日よ、／天と地に安らぎを甦らせよ。／稲妻から、雹から、あらゆる不幸から、／救いたまえ、守りたまえ、庇いたまえ。アーメン」。復活祭におけるキリストの復活の力にあやかって、天と地に安らぎを復活させようとする呪文である。

ステパーノワの呪文集にはさらに、虫から作物を守る呪文、畑の作物を食べたり踏んだりする鶏や家畜から作物を守る呪文、泥棒から守る呪文、畑に呪いをかけようとする者や妬みのこもった目で畑を眺める者から作物を守る呪文などもある。

あらゆる努力の末に作物を守り、豊かな収穫に恵まれた場合、人々は余剰を売って現金収入を得ようとする。しかし、うっかりすると作物と一緒に「畑の幸運」を他人に渡してしまい、以後、自分の畑にまったく作物が育たなくなってしまうことがある。それを防ぐために、作物を売る前に十字を切ってこう唱えなければならない。「我は神から受け取った、／神から手渡された、／ふたたび神から受け取ることができる。／いつもとこしえに。／父と子と聖霊の御名によって。アーメン」。こうして次の年も安心して畑仕事に精を出すことができるのである。

［藤原潤子］

復活祭

冬送りと春迎えの祭りマースレニツァが終わって七週間後、いよいよロシア人たちが待ちに待った復活祭がやって来る。復活祭はキリスト教においてもっとも重要な祭日であるとともに、民衆の間でも一年のうちで一番盛大に祝われる特別な祭りだ。東方正教会では復活祭は「祭日のなかの祭日」といわれ、十二大祭（年に十二度ある大きな祭日）よりも特別で、別格な祭日として位置づけられている。スラヴ系の正教会では復活祭のことを「イースター」とは呼ばず「パスハ」と呼ぶが、それはユダヤ教で「過ぎ越し」を表すヘブライ語ペサハに由来しており、イエス・キリストの処刑と復活がちょうど「過ぎ越しの祭」の時に起こったためである。キリストは磔刑《たっけい》の三日後に復活したとされるが、復活祭は信者たちがまさにそのことを記念し記憶するための特別な祭日なのだ。

宗派を問わず祝われる復活祭だが、東方正教会では四月四日から五月八日までの期間のいずれかの日曜日に行うこととなっており、カトリックやプロテスタントなどの西方教会では三月二十二日から四月二十五日の間の日曜日に実施される。東方正教会は現在でも旧暦（ユリウス暦）を採用しているため、新暦（グレゴリオ暦）に換算し直すと西方教会との間にずれが生じる。また、年ごとに日付が異なるのは復活祭が「春分のあとの最初の満月の次の日曜日」と定められているためである。同時に教会は、地域差を超えて万国共通の日に復活祭を実施するために、実際の天体現象ではなく、教会暦に則った特別な計算方法（パスカリス）による月の満ち欠けを用いて春分の日を決定している。

正教会では復活祭を中心に諸々の祭日の日取りが決定されていくため、復活祭で一年が始まり一年が終わるといわれるほどに、復活祭が重要な祝祭となっている。とりわけ、ロシア人にとって復活祭は非常に大きな意味を持っていたし、現在も持ち続けている。復活祭は教会行事の中心となるだけでなく、ロシア民衆の間では、復活祭を中心とした一連の行事が民間暦（動植物の生育状況や天体の運行などの、自然現象の変化に合わせて経験的に生産活動や諸行事を行う目安とした暦）の軸となり、教会の祝祭や聖人の名の日に合わせて農事や家事の多くが行われていたのだ。

復活祭が一大行事となるのは、祭りが当日だけで完結するものではなく、準備段階の精進期から事後の祝祭までをも含んで長期間にわたっているからである。復活祭前には約四週間にわたる入念な準備を経て、大斎と呼ばれる精進の期間が約四十日間続く。肉類を断つ「肉断ちの日曜日」のあと、冬に別れを告げるマースレニツァの一週間があり、その最後の日、つまり「乾酪の日曜日」の晩から大斎に入り、乾酪類（チーズなど）、卵、魚、油、酒などが断たれ、それが聖枝祭（復活祭一週間前の日曜日）の前日の晩まで続く。こうして、復活祭に向けた準備が長い時間をかけて少しずつ進められていく。

聖枝祭を迎えると、今度はそれに続いて受難週間が始まる（受難週間にも精進が行われることがあるため、広義には受難週間を含めた七週間を大斎と呼ぶこともある）。受難週間は、キリストのエルサレム入城、使徒の洗足、最後の晩餐、裁判、磔刑などの聖書に記された出来事をたどり、記憶するための祭日である。受難週間は、復活祭の前日の土曜日まで続き、各曜日はそれぞれ聖大何曜日と呼ばれて曜日に合わせた儀礼や祈祷が行われる。受難週間の中でも聖大金曜日と聖大土曜日はとりわけ重要な意味を持っている。

聖大金曜日には、信者の礼拝のために「眠りの聖像」と呼ばれるイコン（聖像画）が、教会のもっとも神聖な場所である至聖所から信者が祈るための聖所（聖堂の真ん中）に運び出され、白い生花で飾られる。「眠りの聖像」は、磔刑の十字架から下ろされたキリストが柩《ひつぎ》に横たわる姿を大きな布に描いた、あるいは刺繍したイコンである。そのためこのイコンは柩を模した木枠のうえに安置されるが、復活祭当日には再び至聖所に戻され、復活祭後四十日目の昇天祭まで至聖所の宝座に安置されることとなる。

翌日の聖大土曜日を迎えると、種々の祈祷とともに、黄泉《よみ》へ下ったキリストが死に勝利したことが歌われる。聖大土曜日は、キリストが埋葬され、地獄へ降り、復活する準備が整えられたことを記念し記憶するための祭日であり、受難週間においてもっとも重要な意味を持っている。この日は「眠りの聖像」を伴う十字架行進が行われる。この時、イコンは柩を模した木枠ごと聖堂の外に運び出され、蝋燭ランプや十字架、凱旋旗、香炉などを持った聖職者たちが二列になって歩を進め、その後ろをこのイコンが担がれていく。聖職者と信者たちは、まるでキリストを運ぶ葬列のように聖堂の周囲を行進していくのだ。その後、大斎の間に黒色や紫色に変えられていた聖堂内の被いや装飾、祭服は、キリストの復活を暗示するかのように今度はすべて白色のものに変えられる。こうして、復活祭に向けた準備が万全に整うと、聖大土曜日の夜からいよいよ復活祭が始まる。

復活祭の祈祷は聖大土曜日の夜から日曜の朝にかけて夜通し行われる。祈祷が始まると、至聖所から出てきた聖職者が信者とともに十字架行進を行うために聖堂の外に出ていく。この十字架行進は、前日のキリストを葬る行進とは異なり、復活したキリストを出迎えるためのものであり、それを祝うかのように鐘楼から絶え間なく華やかな鐘の音が響き渡り、福音書と「キリスト復活」のイコンが担がれて、喜びのなかで人々は行進していく。行進の列は聖堂の前まで戻ると、閉ざされた扉口の前で立ち止まる。鳴り響いていた鐘は止み、静まり返った零時ちょうどその時に聖職者が大声で「キリスト復活！」と宣言する。すると信者たちが間髪をいれず「実に復活！」と呼応し、それが三度繰り返されて、復活祭は最高潮を迎える。

その後、信者たちは再び聖堂に入り、灯した蝋燭を手に持って祈祷に参加する。聖職者の祭服は白から金や黄、赤色へと喜びをあらわすかのような色に替えられ、信者たちは頬に三度キスを交わしながら「キリスト復活！」「実に復活！」と互いに声を掛け合って、キリストの復活を祝うのだ。聖堂では聖金口イオアンの説教が奉読され、キリストの尊体尊血とされる聖パン（小さな円筒形の発酵パン）とブドウ酒が信者に分け与えられる。復活祭の間中「ハリストス死より復活し、死をもって死を滅ぼし、墓にある者に生命を賜えり」という祈祷文が、喜びを抑えるかのような荘厳な雰囲気のなか、さまざまな旋律で何度も繰り返し歌われ、キリストの復活が盛大に祝われる。

一連の儀式が終わると、長きにわたる大斎の禁食と節制も解かれ、精進落としに乳製品や肉料理などの食事が用意される。祭りの厳かさとは一転し、キリスト復活の喜びとともに祝宴がにぎやかに催される。

こうした宴で特別に用意されるいくつかの食べ物も復活祭の特徴のひとつといえるだろう。クリーチと呼ばれる円筒形の高さ十〜十五センチほどのパンは、上部に砂糖衣がかけられ、「キリスト復活」

を意味するロシア語の頭文字「XB」が装飾されることが多い。その名もパスハと呼ばれる甘いカッテージチーズの菓子もある。これはカッテージチーズ、バター、生クリーム、卵黄、干しブドウなどを混ぜたものを、キリストの墓を象徴する四角錐台の型に流し込み、それを上下逆さまにして重しを載せて水分を切りながら、一日ほど寝かせて固めたものだ。型にはクリーチ同様「XB」の頭文字や十字架が刻まれており、でき上がるとそれらが表面に浮かび上がってくる。両者とも、最近は星や花の形をしたカラフルなアラザンやチョコ、果皮などで綺麗に装飾されることが多い。

そして、もうひとつ忘れてはならないのが彩色卵だ。正教会では前述のように復活祭をイースターとは呼ばないため、「イースター・エッグ」という呼称が用いられることはない。近年では、卵に被せて熱湯に浸すだけで色鮮やかで複雑な模様の彩色卵を簡単に作れるシールがスーパーなどで安価に売られているため、家庭で手軽に彩色卵を作る人も増えてきた。とはいえ、ロシアでは伝統的に卵は玉葱の皮と一緒に茹でて朱に染められてきた。卵が赤く染められるのは、卵が柩（墓）とそこから復活する新たな生命を象徴し、赤色がキリストの血を象徴しているからである。一説によれば、復活祭で彩色卵を飾ったり食べたりするようになったのは、マグダラのマリアがローマ皇帝ティベリウスにキリストの復活を伝えた時、朱に染められた卵を献上したという正教会の伝承が起源になっているからだという。これらの食べ物は、復活祭のなかで聖別され、祝宴の

彩色卵（2018年、東京ニコライ堂の復活祭にて。撮影：筆者）

席で、または持ち帰って食される。

　復活祭を取り巻くこうした情景はロシア文学の中でも頻繁に登場してきた。たとえば、十九世紀の作家S・T・アクサーコフは自伝的作品『孫バグロフの幼年時代』（一八五八）で、復活祭前の受難週間に登場人物たちが卵を赤や青、黄色など色とりどりに彩色する様を描いたし、二十世紀前半に活躍したI・S・シメリョフも自伝的長編『神の一年』（一九三三〜四八）で、復活祭前日に宴のためにパスハが用意され、焼きたてのクリーチの甘い匂いが主人公の鼻をくすぐる様子を描いた。ほかにも、ドストエフスキイやチェーホフ、ゴーゴリなど、多くの作家が復活祭を主題とした作品を手がけており、ロシア人にとって復活祭がいかに特別な意味を持つ祭日だったかをうかがい知ることができる。しかし、革命後のソ連時代には無神論政策のため復活祭が祝われることはなくなり、メーデーがその代わりを果たすこととなった。

　復活祭に続く一週間は光明《こうめい》週間と呼ばれる。これまで禁食による節制を行ってきたため、光明週間は逆に食事を取ることが推奨され、普段の水曜と金曜の精進さえ解かれる。光明週間には人々は「キリスト復活！」の挨拶を交わし、祭りで聖別された彩色卵を贈りあって毎日食べる。また、この期間にとりわけ重要な役割を果たすのが、アルトスと呼ばれる大きく平らな聖パンだ。アルトスは復活祭当日に特別な祈祷で聖別され、光明週間の土曜に聖水を振りかけられ、小片に切り分けられて聖物として信者に配られる。年に一度ごく少量しか授けられない非常に貴重で特別な聖パンなので、大切に保存され、病気の折などに主の加護を願って食される。

　光明週間に続くフォマー週間と呼ばれる翌週の火曜、つまり復活祭の九日後は、ラードニツァと呼ばれる死者追善の日と定められている。古くからこの日には死者がこの世へ戻ってくると信じられていたため、人々は肉親や近親者の墓参をし、墓地で饗応をした。正教会はこの習俗を復活祭に合わせる形で死者を追善する日として教会暦に取り込んだと考えられている。そのため、現在でも多くの人々がラードニツァを迎えると、故人を偲《しの》んで墓参りをするのだ。

続いて、復活祭後四十日目にキリストの昇天を祝う「昇天祭」が訪れる。さらに復活祭後五十日目には、キリストの復活と昇天ののちに聖霊が使徒たちのうえに降臨したことを祝う「聖霊降臨祭」が催される。復活祭から復活祭後五十日目までの間は、信者たちは普段は跪《ひざまず》いたり伏拝したりするような場面でも、直立の姿勢を取って、キリストの復活に対して歓びを表現するしきたりとなっている。同様に、この期間は「キリスト復活！」「実に復活！」という特別な挨拶が幾度となく交わされる。こうして、復活祭を中心に、大斎、昇天祭、聖霊降臨祭といった前後の祭りまでをも含む、長きにわたる一連の祝祭がようやく終わりを迎えるのである。

［中堀正洋］

COLUMN

斎期中の食事

斎（物忌《ものいみ》、精進）には数週間にわたる長いものや一日限りの短いものがあるが、正教徒にとって、もっとも大切な斎は復活祭の前の四十日間に及ぶ大斎期である。大斎期がその日数から四旬節と呼ばれるのはそのためである。そのほかには使徒ペテロとパウロの日の前の「ペテロの斎」、聖母就寝祭前の斎、クリスマス前の「フィリップの斎」などが比較的長いものである。これ以外に毎週、水曜日と金曜日が精進の日と決められている。斎期間に正教徒に許される食べ物は、植物性の食べ物と魚である。斎の間は歌舞、遊楽は禁じられ、立ち居振る舞いも静謐《せいひつ》にすることが求められた。アルコールも厳禁で、夫婦間の性交もタブーであった。禁を犯すと、教会から罰が加えられた。ただし、病人と旅行中の者は斎を守らなくともよいとされた。十七世紀にモスクワのクレムリンを訪れたヨーロッパの旅行者は、斎の日にはツァーリですら黒パンと酢漬けのキュウリしか口にしないことに驚いている。近代に近づくにつれて斎に対する正教徒の態度は緩やかになってゆく傾向が見られる。

一般に田舎よりも都会で、高学歴の者ほど、その傾向が顕著である。ソ連時代には、意識的に無神論にもとづく反宗教的プロパガンダが行われた。

［中村喜和］

春の外遊び

復活祭は春を連れてくる。教会での祈祷をすませてからのお楽しみは甘いお菓子やご馳走だけではない。久しぶりの太陽の光が満ちる新緑の戸外へ出て、歌い、踊り、遊び、散歩し、恋する明るい季節の始まりだ。適齢期の若者だけではない。子どもたちは裸足で駆け回り、働きざかりは夏の厳しい労働に備えてしばし英気をやしない、年寄りは陽射しのぬくもりに包まれながら子や孫の元気な姿を目で追う。一年で一番晴れやかな、外遊びの季節が来た。

最初に村人たちの心をおどらせるのが、復活祭の直前か当日に若者たちが組み立てる大型のブランコだ。村の広場や村外の草地の決まった場所に、一年のこの時期だけ、お祭り用の共用ブランコが設置される。数人で乗るためのものだからとにかく大きい。力持ちたちが運び込んだ長さ四メートルにもなる丸太か角材を一本ないし数本組にして二カ所に立ててしっかり固定する。こうしてできた両側の柱に横木を渡し、二本の綱をかけてそれぞれの両端を垂らせば、座席用の板は四カ所で留められる。大きいものなら八人乗れる、ちょっとしたアトラクションだ。娘たちを中央に乗せて若者たちが両端で力強く漕げば、ブランコは春の空に向かって大きく弧を描く。若者たちは自分の力を誇示するように思い切り強く漕いだ。風を切って浮遊し、空と地に交互に近づく爽快感とスリルは、人々に宇宙に近づく感覚を与えただろう。古くはブランコが大地に力を与える農耕儀礼の一部であったと言われるのもうなずける。この儀礼性のなごりとされるのが時間的な禁忌で、ブランコ遊びは種蒔きまでとか四月末まで、と決まっている。種蒔き以降にブランコを漕ぐことは発芽に災いするとして嫌われ、時期が来ればブランコは解体され廃棄された。

ブランコに類する春のアトラクションはほかにもあって、その一つが今もロシアの農村や公園で時折目にする回転ブランコ「巨人のステップ」である。地面に垂直に立てた一本の柱の上端から丈夫な綱を三、四本垂らし、綱の端は輪にして簡単な座席とする。乗り手はこの輪にお尻か足を乗せ、綱を両手で掴んで同じ向きに一斉に助走する。加速がついたら思い切って地面を蹴ると、乗り手の体はふわりと浮かぶ。高度が下がって足が地についたらまた地面を蹴る。この蹴りから蹴りの幅の大きさこそがこの遊具の名前の由来かもしれない。勢いがつけば遠心力で足をつかなくても柱の周りを何周も飛べる、ちょっとコツがいるが怖くて楽しい遊具である。

「巨人のステップ」（2015年、アルハンゲリスク州。撮影：山田徹也）

現代の家庭のブランコ（1999年、トヴェーリ州。撮影：筆者）

低いシーソー状の遊具もあった。ただし日本の公園にあるような座って上下運動を楽しむものではなく、乗り手が板の端で跳躍するから、機能的には踏切板かトランポリンだ。地面の上に丸太を転がして置き、それを支点として長い板を載せる。板の片方の端には人が座って重しとなり、反対の端に跳び手が立つ。何度か弾みをつけて跳びあがれば、意外なほどの高さになって、上手な跳び手は家の屋根の高さにも至ったという。

　こうした遊具の設置された広場は、いわば春の外遊びのメイン会場だ。周囲では子どもたちが竹馬（ただし竹ではなくて木）に興じ、男たちは卵集めゲームに余念がない。板で作った傾斜の上から手持ちの卵を転がしてほかのプレイヤーの卵にぶつける。卵にひびが入った方が負けで、平気だった方の卵の持ち主はひび入り卵を獲得する。単純な競技だがさらに坂道コースさえ省略して、手にした互いの卵をぶつけ合うという方法もあった。いずれにせよ重要なのは集めた卵の数だったから、ずるいプレイヤーは自分の卵に小さな穴を空けて中身を出してしまい、松ヤニや蝋を流し込んだ偽物の卵を転がしたそうだ。もちろん発覚すればただではすまない。何しろ喧嘩と殴り合いは祭りの花だ。

　光明週間と呼ばれる復活祭に続く一週間がこうして過ぎると、次の日曜日はフォマーの日だ。多くの地域ではこの日、または以後一週間を「美山節（クラースナヤ・ゴールカ）」と呼んだ。美山節の名前の由来に定説はないが、ヨーロッパ・ロシア中南部では、夜明けに娘たちが最寄りの丘の一番高いところへ上って春に呼びかける儀礼があったという。トゥーラ県の例では、暗いうちに丘に登った娘たちが輪になって日の出を待ち、日が昇りはじめるや、輪の中央にいる先導者に続いて呼びかけた。

「こんにちは、美しい太陽、明るいお陽様！　山の陰から現れ、明るい世界へ来て、草の上を、花の上を、雪割草の上を照らして走り、乙女の心を温め、若者の心をのぞき、彼の魂から霊を抜き取り、命の水の泉に投げ入れて。泉の鍵を持っていたのは暁の乙女。暁の乙女はそぞろ歩くうち鍵を落とした。私は歩いて歩いて金色の鍵を見つけた。この鍵で愛する人の心を閉じよう。この金の鍵であの人の心を、何年も何世紀も、秘密の堅い誓いで！　アーメン」。この呪文のあと、娘たちは彩色卵を円形に並べ、また全員で歌った。「麗しの春、どうやって来たの？　何に乗ってきたの？　犂に乗ってね、馬鍬に乗ってね！……」

この例からは美山節の古い異教的な性格が察せられるとともに、この行事が恋愛と農耕とに強く関連付けられていることがわかる。これは美山節とその後数週間の春の外遊びを通して見られる特徴で、未婚の娘たちが中心になって行う「ホロヴォード」では、人々が娘たちを花嫁候補として品定めし、そのまま婚約に至ることも多かった。

ホロヴォードとは、人々が歌いながら手をつないで歩いたり踊ったりする遊戯で、語根「ホロ」が「輪」に通じることからしばしば「輪舞」と訳される。実際輪になって踊ることも多かったが、少なくとも十九世紀末のロシアのホロヴォードは、より広く歌を伴う遊び全般を指した。ゆっくりした歌をうたいながらただ手をつないで一列で歩くことも多かったし、歌いながら体を動かすゲーム、速いテンポで足を踏み鳴らす踊り「プリャースカ」もホロヴォードの一部を構成した。つまりホロヴォードとは、集団で歌いながら歩いたり踊ったり遊んだりすること全般を指す語であって、とても「輪舞」という語には収まりきらないのである。娘だけでなく男女混合の歌と踊りもあり、そこでは男女が手をつなぎ触れ合い、歌で恋の駆け引きをする場面も見られた。

そんな春のホロヴォードの中でももっとも有名でユニークな遊びが「キビをまいたよ、まいたよ」である。これは男女混合で行われ、「花いちもんめ」によく似ている。参加者は二列に並んで向かい合い、同じ列の隣人と手をつないで歌いながら相手の列へ向かって進む。相手の列が歌いだしたら、押し返されるように後退する。これらの列を①、②とすれば、歌詞の内容はこんな風だ。

①キビをまいたよ、まいたよ！　オイ、ジド、ラド、まいたよ！
②そのキビ踏み荒らす、踏み荒らす！　オイ、ジド、ラド、踏み荒らす！
①どうやって踏み荒らす、踏み荒らす？　オイ、ジド、ラド、踏み荒らす？
②馬を放す、馬を放す！　オイ、ジド、ラド、放す！
①馬は取っちゃう、取っちゃう！　オイ、ジド、ラド、取っちゃう！
②どうやって取る、取る？　オイ、ジド、ラド、取る？
①絹の手綱で、絹の手綱で！　オイ、ジド、ラド、手綱で！
②馬を買い戻そう、買い戻そう！　オイ、ジド、ラド、買い戻そう！
①どうやって買い戻す、買い戻す？　オイ、ジド、ラド、買い戻す？
②百ルーブルで、百ルーブルで！　オイ、ジド、ラド、百ルーブルで！
①千ルーブルでもだめ！　オイ、ジド、ラド、千ルーブルでも！
②じゃあ何がほしい、ほしい？　オイ、ジド、ラド、ほしい？
①女の子がほしい、女の子！　オイ、ジド、ラド、女の子！
②わが隊は減った！　減った！　オイ、ジド、ラド、減った！
①わが隊は増えた！　増えた！　オイ、ジド、ラド、増えた！

「オイ、ジド、ラド」はリフレインで、「オイ」は驚いた時などに発する言葉、「ジド」「ラド」は古代の神の名前とする説もあるが推測の域を出ない。①チームが「女の子！」と言ったところで②チームからは娘が一人①チームへ移動するから、キビを撒いた①チームは、その畑を荒らそうとした②チームからまんまと娘を一人奪ったことになる。こんな遊びの中にも、農耕と嫁取りのモチーフはひそんでいると言えるだろう。

ホロヴォードに含められるかは微妙だが、歌や言葉遊びを伴う遊戯はほかにもあった。特に人気があったのが大人も子どもも一緒に楽しめる「ダイコン」だ。まず、体格の良い力のある人が「おばさん」役として草の上に脚を投げ出して座る。「おばさん」の脚の間に別の人が脚を投げ出して座り、またその脚の間に次の人が……とどんどん列が伸びていくのだが、この時体格のよい人から小さい人へという順番になるように並ぶとゲームがしやすい（が、男性と女性が交互に座るように決めているところもあったそうだ）。さて、座った人たちはそれぞれ前の人の胴に手を回してがっちり押さえる。するとそこへ「客」が歩いてきて、「おばさん」に「ダイコンはもう熟れているかね？」と訊く。客はつながったダイコンたちの周りをしばらく歩きながらおばさんと問答を交わし、おばさんが「熟れてるよ！」とか「持ってきな！」と言うのを合図にダイコンを抜きにかかる。まず先頭の小さな子が両手を引っ張られてスポン、次の子もスポン！　でもだんだんダイコンが大きくなってくると、客もダイコンも抜けた拍子に地面に転がってしまう。先に抜けたダイコンたちも客を手伝ってスポン、ゴロン、と抜いていき、最後は「おばさん」を草の上に転がしておしまいだ。

復活祭に始まる春の外遊びにはこのように、地面を転がったり転がしたり、地面を蹴ったり踏み鳴らしたり、といったモチーフが多かった。長く雪に隠されていた「母なる潤える大地」と触れ合い、力を交換しあうこうした外遊びは復活祭後四十日目の昇天祭や五十日目の聖霊降臨祭などを区切りとして終わりを告げ、いよいよ夏の重労働の季節となる。

［熊野谷葉子］

春の門付け

春を彩るさまざまな儀礼や行事の中に、かつてヴィユニーシニクと呼ばれる習わしがあった。ヴィユニーシニクは、冬季儀礼のコリャダー同様、門付け（門口で歌をうたうなどして金品をもらい歩くこと）の風習のひとつで、十九世紀中ごろから二十世紀初頭にかけてヴォルガ川上流から中流域に位置する沿ヴォルガ地方のヤロスラーヴリ、コストロマー、ウラジーミル、ニジニ・ノヴゴロド県だけでおこなわれていた。ヴィユニーシニクは春季儀礼の一種であると同時に、結婚儀礼の一種でもあり、門付けをする者たちが、結婚一年以内の新婚の若夫婦のもとを訪れ、呼びかけ歌で祝い、それに対して夫婦が返礼するという形を取るのが一般的であった。人々は、春の訪れ、芽吹いた草木、新婚夫婦が授かるであろう赤ん坊といった、ほとばしる生命力を感じ取り、新たな生命の象徴でもある新婚夫婦のもとを祝いに訪れたのである。

ヴィユニーシニクは、新婚夫婦が初めて迎える春、具体的には復活祭に続く光明週間の土曜日、あるいはその翌日のフォマー週間の日曜日にだけ行われていた。地域によって異なるものの、この門付けには、年齢や性別を問わず多くの人たちが参加し、一般に子ども、女性、男性の集団に分かれ、年齢の若い集団から順に時間をずらして新婚夫婦のもとを訪れた。参加者たちは庭あるいは窓の下から、この門付けの時にだけうたわれる特別な呼びかけ歌によって新婚夫婦を祝い、返礼としての歓待を夫婦に要求した。

十九世紀の採録によると、復活祭後の土曜の昼間に、老人たちを先頭にした男性の集団が新婚夫婦の家々を回り、もてなしを受けるために呼びかけの祝い歌をうたった。また、参加者たちがいくつかの集団に分かれて、午前中は子どもたちが、夕方までは女性たちが、その後は男性たちが次々に家々を回って、夫婦を祝うためにうたった。祝いにやって来た参加者たちがうたい終わると、夫婦は子どもたちには小銭やプリャーニク（蜂蜜・香辛料入りの焼菓子）、飴などを、女性にはプリャーニクや赤く染められた彩色卵を、男性には自家製のビールやウォッカなどを振る舞った。

こうした門付けの祝い歌は、大きく分けて三つの要素から構成されている。導入部となる歌い出し、もてなしの要求、もてなしの有無への反応だ。

この祝い歌では、「出てきておくれ」「きておくれ」などと、新郎新婦への呼びかけが頻繁に繰り返される。

続けて「……土産をおくれ　白い砂糖の　甘いプリャーニクを」「ビールをコップ一杯ずつ　口直しにピローグ（詰め物入りのパン）を持ってきておくれ」「おお、お金を少しずつ　一コペイカずつおお、ビールを小さなコップ一杯ずつ　ウォッカをコップ一杯ずつ分けておくれ」などと、祝い歌に対するもてなしの要求が常にうたわれた。もてなしの品として要求されるものは、赤い彩色卵、プリャーニク、ピローグ、小銭、酒などさまざまな品である。

ところが、もしも夫婦がこの祝いへの礼を尽くさなければ、彼らには酷い仕打ちが待っていた。参加者たちは「お前さんが卵を持ってこないなら　表階段をすっかり壊そう！」などと、脅迫するかのようにさらにもてなしを促した。

イズバー（木造家屋）の表階段を壊すぐらいならまだしも、「閂《かんぬき》は壊され　お前さんは傷めつけられるだろう！　池に出かければ　お前さんは……打たれるだろう　井戸に出かければ　お前さんは鼻っ面を殴られるだろう！」「卵を持ってこないなら［中略］森に出かければ　お前さんは悪魔に喰われるだろう！」などと、殴るだの打つだの、悪魔に喰われるだのと、肉体的にも精神的にも苦痛を与えるような誹り歌がうたわれることもあった。

こうして半強制的に、しかも脅すように乞われるもてなしだが、参加者たちはもてなしに満足すると、「花嫁さん、お前さんのところには何でも十分ありますように、神のご加護があらんことを。花嫁さん、お前さんのところには森にある麻と同じだけ息子ができますように、お前さんのところには野原にあるでこぼこと同じだけ娘ができますように、神のご加護があらんことを」などと、新婚夫婦の生活が豊かで幸せなものになるようにと予祝の歌をうたった。

ところが、再三の催促にもかかわらず、もてなしがけちられて貧相だったり、それ自体がなかったりすると、参加者たちは「花嫁さん、お前さんのところには畑の菜園が実るのと同じだけ畸形児ができますように、神のご加護があらんことを」などと、新郎新婦に侮辱的でひどく冷酷な罵りの言葉を浴びせかけた。これらの言葉は、この習わしにおける返礼のもてなしがいかに重要で、厳しい決まりごとだったかをよく示している。

このように、ヴィユニーシニクの参加者たちは、冬季儀礼のコリャダー同様、もてなしがなければ酷いことが起こるという誹り歌をうたってまわったが、それは本質的には誇張した表現によって、夫婦が属する集団の社会的規則に厳格に従わなければならないことを意味していた。つまり、新たに世帯を持って独立する新婚夫婦にとって、この習わしは自分たちが身を置く村落共同体の慣習の重要性を学ぶ場であり、そうした社会集団に加わるための通過儀礼の意味さえ持っていたのだ。

ヴィユニーシニクは、復活祭後に祝われることからもわかるように、復活祭を中心とした教会暦の一年のサイクルのなかで、キリストの復活、そしてその象徴としての春の訪れや婚礼、生命の誕生といった民衆の伝統的世界観と不可分に結びついた民衆の祭日であった。

近年では、ブライダル業者が披露宴の一部としてヴィユニーシニクを取り入れたり、民族アンサンブルがその祝い歌をレパートリーとして披露したりするなど、春の門付けの習俗を古き良き文化として復活させる動きも見られる。

［中堀正洋］

春のパンさまざま

ロシアのパンといったら、何が思い浮かぶだろうか。ライ麦の黒パンがその筆頭に挙げられるかもしれない。小麦の白パンも現代では食卓に欠かせない日常のパンだ。しかし、ロシアではこの他に色や形、大きさ、味も様々な、バラエティに富んだパンが食されてきた。ここでは、春の喜びに満ちた復活祭と、それに至るまでの七週間にわたる精進期に食されるパンのいくつかを、I・S・シメリョフの自伝的小説『神の一年』から紹介しよう。小説の舞台は十九世紀末の活気にあふれた大都会モスクワだ。市中に手広く請負事業を展開していた敬虔な正教徒であるシメリョフ家の暮らしぶりや様々な出来事が、少年イワンの目を通して、一年の暦をたどるように描かれている。

春の兆しが見え始める大斎期はマースレニツァが終わった翌日、聖月曜日の朝に始まる。イワンが目を覚ますと、家の中のすべてが清められている。いよいよ復活祭まで身を清めて精進に励むのだ。イワンの傍らにはいつも老大工のゴルキンがいて、イワンの「どうして？」に答えてくれる。大斎のあいだ黒パンのスハーリ（乾パン）を「砂糖代わり」にお茶を飲むゴルキンは、イワンには聖者のように見える。イワンも幼いながらに精進を誓う。どうして魂を汚す肉や卵なんかいるものか、それがなくたっておいしいものはたくさんある。あれもこれもと食べ物を数え上げていく中に、甘いけしの実が渦巻き状に入ったけしの実パン、バラ色をした輪型パンのバラーンカ、大きい輪型パンのブーブリク、小型白パンのサーイカなど、パンの名前もいろいろあがる。

この厳しい精進期、ゴルキンに連れて行ってもらった「斎の市」、つまり精進の食材を売り買いする市場で、イワンはにぎわいの中に響く売り子たちの呼び声に心躍らせる。「大斎といったらこれ……あまーいプィシカだよ！　プィシカ！」「グレーチニク、熱々のグレーチニクだよ！」プィシカはふっくらした菓子パン、グレーチニクは蒸したソバ粉をついて焼いたもので、餅のように切って積まれている。そこかしこにひもを通して首飾りのように束ねられた輪型パンがかけられている。特に熱々のむっちりしたバラーンカはイワンのお気に入りだ。輪型パンにはもっと小型でカリッとしたスーシカもある。ゴルキンが「精進の羊だよ」と言ってイワンに差し出した焼菓子プリャーニクは味わい深い伝統的な菓子だ。

バラーンカ（2006年、ペテルブルグの「パン祭り」にて。撮影：筆者）

家では特別の形のパンが焼かれる日がある。「四十人の受難者の日」（三月二十二日）の朝、イワンはパン籠からまるで本当の小鳥のように干しブドウの目でのぞいている「ヒバリ」を見つける。村ではこの日、子どもたちがそれぞれ焼いてもらった小鳥パン「ヒバリ」を手に戸外で春を呼ぶ歌をうたう習俗があったという。大斎期ならではの小型パンもある。大斎第三週の土曜日には家の料理女のマリューシカがやさしく祈りの言葉をかけながら小型の「十字架」をぎっしり並べた鉄板をかまどに入れる。焼き上がるのはアーモンド風味の薄くサクサクッとした甘い焼き菓子で、十字架に打ち付けられた釘のところは甘煮のキイチゴが付けられていた。イワンにとってはお楽しみのパンだが、ゴルキンが「よく考えてお食べ。キリストさまの十字架を立てる週が来るんだよ」と諭す。また、マリューシカはこれを放牧が始まる春のエゴーリイの日（五月六日）まで大事にとっておいて、町の牧童に連れていかれるその朝、家の牛にそっと食べさせて秋までの無事を祈った。

精進期中の祝祭日には、キャベツやキノコ、ベリーの入ったピローグ（中に詰め物をして焼いたパンのこと、ピロシキは小型のピローグを指す）がご馳走として焼かれる。四月七日の聖母福音祭はたいてい大斎の終わりごろにあたるが、この日ばかりは魚が許され、シメリョフ家では毎年クレビャーカという魚のピローグが出される。精進日の数は年によっても違うが一年のうち二百日を超えるのが普通で、肉を断ちながらも祝いの食卓は整えられる。

「ヒバリ」パン（筆者作）

いよいよ春の最大の祝祭、復活祭が近づくと、その準備に卵、バター、クリームをたっぷり練り込んだ干しブドウ入りの円筒形の発酵パン、クリーチが焼かれる。みんなにいきわたるように数も百個、職人の手で念入りに作られる。このクリーチは復活祭に先立って教会で清めてもらっておくのが習わしだ。復活祭を迎えた朝には父の「兄弟たちよ、ハリストス復活、おめでとう」という言葉を合図に、皆があいさつを交わし、精進落としの盛大な宴が始まる。シメリョフ家では中庭で、芽吹いたばかりの白樺の下に大テーブルが出され、ご馳走がどっさり用意された。この食卓を飾るのが、クリーチとパスハ（角錐台形の生チーズケーキ、キリスト復活を意味するXBの文字が付けられている）と彩色された卵だ。この三つが揃って、キリストの死と復活を象徴している。

復活祭にはイワンはクレムリンの寺院に連れていってもらい、そこに供えられていたアルトスという一プード（約十六キロ）くらいありそうな特別な聖パンの大きさに驚く。普通教会でいただく聖パンは子どもの手にも載るくらいの小さなものだ。教会ではこれらを上等の小麦でほかの混ぜ物をせず発酵させて焼いている。

復活祭第二週の金曜の夜に、父が少年イワンを膝に乗せ「カラチー・ガリャチー」と上機嫌に口ずさむ場面がある。このカラーチ（複数だとカラチーとなる）は昔ながらの白パンの上等品だ。形は錠前型で、熱々（ガリャチー）と韻を踏んで子どもの歌にもその名がよく唱えられる。熱々のカラーチはモスクワの名物としても名高い。復活祭第二週目のころは田舎から出てきている人も多く、お土産としてまとまって買われていく。十月の聖母庇護祭のころもそうだ。シメリョフ家では夏のドンスコイ修道院のお祭

教会で清められるクリーチ（2018年、東京ニコライ堂の復活祭にて。撮影：中堀正洋）

カラーチ（筆者作）

りにはカラーチを特別にパン屋に注文しているし、また真冬のクリスマス市でも売り子の呼び声に聞こえる。ハレの日の喜びを運び届けるパンなのだ。

「十字架」と同じように、祈りが込められた小型パンとしてもう一つ、「はしご」パンが登場する。昇天祭（復活祭から四十日目の木曜日）に焼かれる。イワンはそれを十字を切ってお祈りしながら一段一段、はしごを途中で壊さないように大事に食べる。それは天に昇るキリストのはしごだと教えられたからだ。

シメリョフの小説『神の一年』に描かれたパンを、大斎から復活祭のころについてみてきた。ロシア革命後、亡命先のパリでこの物語を著したシメリョフは、随所にパンの名前を織り込んだ。暮らしの中で、日常はもちろんのこと、祭りや斎期の習俗とも深くかかわっていたことがよくわかる。ソ連時代を経て、シメリョフの物語が読み継がれるようになった今のロシアでも、街角に、そこここに人々の暮らしに欠かせない暮らしを彩る多彩なパンがあることは変わらない。

［石川あい子］

市中のさまざまなパン（1979年、モスクワ。撮影：加藤芳明）

聖霊降臨祭

復活祭が終わるとロシアの遅い春が来る。ロシアの春は、とはいえ、はじまると速い。春は一気に爆発的に進展するのだ。いっせいに花が咲きみだれ、さまざまな鳥が鳴き、みるみるうちに緑が生い茂り、あたりはかぐわしい木々の香りにつつまれる。待ちに待った素晴らしい季節の到来だ。ソ連崩壊後のロシアでも、土日に加えて、メーデー（五月一日）、戦勝記念日（五月九日）など、春の大型連休は健在だ。寒さに閉ざされた昨日までの日々が嘘のようだ。

この時期、聖霊降臨祭を中心に、春たけなわを祝う祭りが続く。復活祭から数えてちょうど四十日目の木曜日にあたる昇天祭にはじまり、四十七日目の木曜日がセミーク、四十九日目が聖霊降臨祭前日の土曜日、五十日目の日曜日が聖霊降臨祭、五十一日目の月曜日が聖霊の日、そして五十七日目の日曜日が諸聖人の日となる。

復活祭後の一連の祭りの中心となるのは、聖霊降臨祭である。復活祭から五十日目のこの日は五旬節ともいわれ、ユダヤ教では、ヤーヴェがエジプトの初子を殺戮した「過ぎ越し」の日から五十日目に、モーセがシナイ山で神から律法を授かったことを記念していた。まさに五旬節のこの日に、「激しい嵐」のように聖霊が使徒たちに舞い降り、彼らは「霊」が語らせるままに、ほかの国々の言葉で話し出した（『使徒言行録』二章）。聖霊の働きのもとに、世界のさまざまな民はキリストの教えで一つになったので、五旬節は、聖霊の降臨を祝う祭りとなった。聖霊降臨祭は、ロシアでは、父、子、聖霊の聖三位一体を意味する「トロイツァ」の名で呼ばれているが、歴史をさかのぼると、ラドネジのセルギイが創設した聖三位一体大修道院が隆盛する十四世紀くらいから、五旬節をトロイツァと呼び換えるようになったらしい。

日本の古事記では、世界のはじまりから間もなく、ウマシアシカビヒコヂ、つまり、「美しい葦の芽の男神」が現れるが、春から初夏にかけて一晩に二十センチも伸びると言われる葦の芽の神様は、植物の驚くべき成長力を象徴している。同じ時期、長いロシアの冬を耐えきった植物も目を見張る成長を遂げるが、ロシア人は生命力あふれる新緑のなかに、死んでいった人々の魂の蘇りを見ていたようである。セミークから聖霊降臨祭にかけては、日本のお盆のような感じで、先祖たちが一時的にあの世を離れ、この世に来ると考えられていた。先祖たちが宿りとする場所は、緑の木々、草、そして、花々である。だから、この世に生きる者たちの務めは、しかるべきやり方で彼らを迎え、送ること、つまり、追善供養を行うことであった。

追善供養の主役は、何といっても新緑を輝かせる木々、ことに青々と葉っぱを茂らせる白樺の若枝である。聖霊降臨祭では、教会は内壁も外壁も白樺の若枝で残るくまなく飾られる。白樺の枝を切り出し、草花を摘み、桂冠を編むのも、十代半ばから後半にかけての、やはり生命力あふれる育ち盛りの若者たちだ。教会だけではなく、家、農作業小屋、蒸風呂小屋、作業場など、人間の活動の及ぶ範囲は、いたるところ、緑の白樺の若枝が飾られる。人々は白樺の枝で桂冠を編み、自らが被り、動物にも被らせる。若い女性たちが、豊作を祈る歌をうたいながら、白樺の若枝をもって、畑のあぜ道を練り歩く。若い女性たちを中心に、墓地を訪れて白樺の若枝や桂冠や花々を墓に供える。聖霊降臨祭前日の土曜日が墓参りの日である。

春が夏に移り変わるこの時期の祭りに生い茂る緑を用いるのは、生育が伸び盛りとなる植物が特別な魔法の力を宿している、と考えられているからである。白樺の新緑と濃密な交流をもつことは、先祖と霊的に交わることにほかならなかった。この穏やかな出会いは、播種した穀物の成長、それを促す適度な降雨、豊かな収穫ひいては人間世界全般の安寧につながると信じられていた。ロシアの人々は、新緑のなかに死んだ人々の魂を見ていたから、儀礼に使う以外の草を刈ったり、木を切ったりすることが禁じられた。教会で祝福を受けた花や草や枝の束は、教会から運び出されて親類の墓のうえにまかれた。また、不浄な力からわが身を守るための象徴である、鉄製の「切る道具」に触れることも、植物の魔法の力を攪乱《かくらん》してしまうと捉えられていたから、極力使用を控えたようである。

ただ生命力の過剰は、よいことばかりではない。日本神話では、スサノヲが死んだ母に会いたいと泣きわめき、ひげが伸び放題になった時に、五月蝿《さばえ》が飛び回ってこの世に悪が満ちたとされているが、ロシアでも、植物が盛んに成長するこの時期は、ルサールカたちが地上に現れて人間と作物に害をあたえると考えられている。聖霊降臨祭に先立つ一週間は、「ルサールカの週」という呼び名があるほどである。十九世紀ロシアの文豪ゴーゴリの出世作『ディカーニカ近郷夜話』前篇に収められた「五月の夜」は、春が夏に移り変わろうとするこの季節の美しい自然を抒情ゆたかに讃える作品であるが、それは同時に、継母にいじめ抜かれて淵に身を投げて死んだルサールカの復讐譚《たん》を底流にもっている。

ルサールカというのは女性の悪霊、あるいは妖怪で、結婚前に告解を受けずに亡くなったり、首を吊ったり、溺れたり、行方知れずになったりして、不自然な死を遂げた若い女性がなるとされる。ルサールカはしばしば水辺に現れて若者を水の中に引き込んだり、くすぐって笑い死にさせたりする。ルサールカと同じカテゴリーに属する死者が、「残置された死者（ザロジヌィエ・ポコイニキ）」である。これは自分の死を死ねなかった者たち、暴力や不慮の事故で若くして亡くなり、この世でエネルギーを使い切ることができぬままあの世に行ってしまった不幸な死者たちである。この世に残ってしまったエネルギーが、人々に悪さをする。このような死に方をすると、かわいそうに、死んだあとも祖先として祀《まつ》ってはもらえない。

こういう不幸な死者たちは穢《けが》れているので、埋葬しても大地に受け入れてもらえずに、地中から抜け出してさ迷い歩く。また、大地の方でも、穢れた死者を押しつけられたことに怒り、寒の戻りという罰を人々にあたえて作物の芽を枯らすと考えられた。だから、不幸な死に方をした死者は埋葬せずに、村のはずれに運んで残置し、木の枝などをかけた。民俗学者のD・K・ゼレーニンは、十九世紀になってもなおこうした習慣が残っていたと報告している。

聖霊降臨祭前の木曜日、セミークには、こうした不幸な死者たちの追善供養をおこなった。春たけなわで寒の戻りがもう来ないことがはっきりしたこの時期に、教会の脇にじっさいに大きな穴を掘って、不幸な死者たちを埋葬し、言ってみれば、無縁仏の墓をつくったのである。一年間でセミークのこの一日だけが、こうした不幸な死者たちの魂が安らぎと慰めを得ることのできる日とされている。

古いロシアにおける、不幸な死者に対するこうした例外的な扱いを上手に自らの作品に生かしたのは、二〇一三年に『聖愚者ラヴル』（二〇一六）で、現代ロシア最大の文学賞ボリシャヤ・クニーガを受賞し、超大型新人の呼び声の高いエヴゲーニイ・ヴォドラスキンである。ヴォドラスキンはもともとロシア中世文学の優秀な研究者で、十五世紀ロシアの愚者聖人（ユロージヴィ）を描いたこの作品のなかにも、中世ロシア人の生活のディテールが縦横に織り込まれている。主人公ラヴルの恋人ウスチーナは、教会から結婚の秘蹟を受けることなく、ラヴルの子を授かるが、不幸にも死産し、自らも産褥《じょく》で死ぬ。ウスチーナとその子は、ふつうの墓地に埋葬されることが禁じられ、こうした無縁墓に葬られた。

運よく先祖になることができた死者たち、先祖になることができなかった不幸な死者たち、両方の追善供養をおこなうのが、死者たちの魂が宿る白樺の若枝を主役とするセミーク、聖霊降臨祭という祭りである。そして、すべての逝きし者たちへの追悼が終わって、諸聖人の日に、あらゆる聖者の名において、晴れて死者たち全員をふたたびあの世へと送り返すのである。季節は春から夏に移ろうとしている。

［三浦清美］

COLUMN

先祖供養と泣き歌

ロシアでは土曜日は昔から先祖を供養する日と考えられ、人々は追善の法要を行って故人を偲んだ。その他、クリスマス、聖霊降臨祭、マースレニツァには追善供養が行われていた。同じように、「ロジーチェリスカヤ・スボータ（両親のための土曜日）」と呼ばれる土曜日も死者たちを追善する日とされ、現在でも大切な年中行事のひとつとなっている。これは死者のことを「ロジーチェリ（両親）」と呼ぶ慣習からきており、この日はまさしく亡くなった親、親族や近親者を哀悼し、偲んで、供養する日である。

十二世紀に編纂《さん》されたロシア最古の編年史『原初年代記』には、すでにその起源となるような死者追悼の習俗が記録されている。九四五年、ルーシ（ロシアの古名）の大公イーゴリの后オリガは、殺された夫を偲んで墓前で泣き悲しみ、トリズナ（異教供養）を執り行った。また、十六世紀に編纂された法令集『百章』によれば、「毎土曜日に死者の冥福のために奉事を執り行わなければならない」と聖職者に示されており、すでに土曜日が死者を追悼する日と考えられていたことがうかがえる。このように、ロシアでは古くから死者を追悼する儀式が行われていたが、それは時代を下るにつれ、キリスト教に取り込まれる形で、土曜日に行われるようになっていった。

教会では「両親のための土曜日」は年に八度ないし九度と定められている（移動祭日の復活祭を軸としているため土曜日でないこともある）。具体的には、復活祭七週間前の大斎開始日からさらに八日さかのぼった、「肉断ちの日曜日」の前日の土曜日（マースレニツァ直前の土曜日）、大斎第二週、第三週、第四週目のそれぞれの土曜日、復活祭後九日目フォマー週間中の火曜日（ラードニツァ）、復活祭後五十日目に祝う聖霊降臨祭前日の土曜日である。そのほか現代では省かれることも多いが、十八世紀エカテリーナ二世の勅令によって定められた戦死者を悼む記念日（九月十一日）に先立つ土曜日。聖大致命者ドミートリイ・ソルーンスキイの名の日（十一月八日）に先立つ土曜日。それに、第二次世界大戦後は、大祖国戦争（独ソ戦）の戦没者を悼む戦勝記念日の五月九日が組み込まれた。

　こうした墓参では常に饗応が催されていた。人々は故人の墓前に赴いて、墓標の傍らに備えつけてあるテーブルとベンチ（椅子）を使い、先祖たちの魂の平穏と安息を願って宴席を設けた。宴ではブリヌイや彩色卵、ピローグ（詰め物入りのパン）、キセーリ（果汁の葛湯）、酒などとともに、追善供養の際にだけ特別に作られるクチヤー（蜜飯）が用意された。肉や魚の料理は普通は供されなかった。こうした宴席には放浪の芸人たちが呼ばれ、死者を喜ばせるために楽器を弾いて歌をうたい、どんちゃん騒ぎをした。先に挙げた『百章』は、教会の教えに背くような遊戯や狂躁が繰り広げられていたことを非難している。「自らの親たちを供養する時には、それぞれの財力に応じて貧しい者たちに飲み食いをさせるように。また放浪芸人であるグドーク弾きやあらゆる楽士たちがやって来ることを禁じるように。追善供養の際に、正教徒たちを彼らの悪魔的な戯れによってかき乱したり惑わしたりしてはならない」と。

墓地に備えつけられたテーブルとベンチ（2015年、アルハンゲリスク州上トイマ地区。撮影：筆者）

　もうひとつ、墓参には「泣き歌」と呼ばれる儀礼的な哀泣もつきものだった。泣き歌は近親者の

A. I. コルズーヒン《墓地での先祖供養》(1865)

死に対するやるせなさやその後の一家の凋落《ちょうらく》などを切々とうたう抒情詩的側面とともに、時に数百行にもおよぶ長大な歌詞で故人の生前の出来事などをうたう叙事詩的側面を持ち合わせた儀礼歌の一種である。「泣き女」と呼ばれる女たちが激烈な感情をあらわにし、故人に対する愛情や悲哀、哀惜の気持ちを遺族の代弁者となって号泣してうたったのだ。墓参に訪れた人々も泣き女と同じく死者たちを偲び、深く嘆き悲しんだ。『百章』では「村や郷ごとに男たちや女たちが墓地に集まり、墓の前で大きな声をあげて泣き悲しんでいる」と、聖霊降臨祭の前日の土曜日に民衆が墓地で激しく号泣する様子を伝えて、キリストが再臨する世界の終わりの日に信者が復活するというキリスト教の教えに背くものとして論難している。民衆の間でも、過度に嘆き悲しむと、本当に死者をこの世に呼び戻すこととなってしまい、「生ける死者」がこの世に残された者に害を及ぼして命を危険にさらすことになりかねないことから、あまりに度が過ぎる号泣は戒められた。

［中堀正洋］

チャイコフスキイ《四季》――春

チャイコフスキイの《四季》はピアノによるロシアの歳時記で、描かれる対象は自然・農村・貴族と三分できる。春の三曲は特に自然描写が優れている。

三月「ヒバリの歌」
野には花々がさざめき
空には光がきらめく
春ヒバリたちの歌声は
果てしない空に満ちあふる
A・マーイコフ

春を表現した最初の小品で、全十二曲中演奏時間がもっとも短いのも偶然ではない。ロシアの三月は冬から春へという季節の変わり目で、矢の如く駆け抜けるように感じられる月なのである。マーイコフのエピグラフでは既に花が咲き始めている様子だが、実際には野原は雪におおわれ、長い休眠から遠慮がちに少しずつ自然が目覚める。そしてこの目覚めが、まだ哀愁の気分から解放されない人間たちの心に茫洋とした希望を呼び起こす。チャイコフスキイの音楽は、この哀愁と希望とが綯《な》い交ぜになった早春の自然を、どんよりとくすんだ低い空を舞うヒバリの姿に擬えているのである。控え目な音量でゆったりと動く左手からは人々の淀んだ気分が、軽やかに飛翔する右手の高音の音型からは希望を呼ぶヒバリのさえずりが聞こえる。

四月「雪割草」

空色の　清らかな
雪割草の花
傍らには透き通った
なごりの淡雪

過ぎ行く哀しみに寄せる
最後の涙と
やがて訪れる幸せに寄せる
最初の夢と……

A・マーイコフ

日本の音楽事典では「松雪草」という、誤植としか思えない奇妙な漢字の名前があてられているが、せめて国語辞典のように「待雪草」と表記して欲しい。文字通り、解け始めた雪の下で本格的な春の訪れを慎ましく待っている花である。生命と自然の目覚めがこの花に象徴的に託されている。白い色だと「マツユキソウ」になるが、マーイコフのエピグラフに空色とあるので、「ミスミソウ」ないしは「シラー・シベリカ」、通称「雪割草」を指すことになる。楽譜の冒頭には「ある程度の動きを持って、しかし速すぎずに、そして優雅に表情豊かに自由に、音量は全体として控え目に」と書かれているが、実はこの「四月」は十二曲中唯一、自筆譜が残されていない作品なので、どこまでチャイコフスキイ自身の本意なのかは測りかねる。しかし左手の繊細な伴奏と右手の息の長い旋律線を考慮すると、雪解け水のほとばしりのような威勢の良さではなく、ポタポタと滴が集まって生まれたばかりの小さな流れの傍らで顔をのぞかせる雪割草なのだとわかる。ふとした和音の瞬間には、春の陽光さえ感じられる。

五月「白夜」

素晴らしき夜！　すべてを包み込む安らぎ！
この北の故郷に感謝しよう！
氷の王国から　吹雪と雪の王国から
かくも新鮮で清澄な故郷の五月がやって来る

A・フェート

白夜とは、緯度の高い地域に出現する暮れない夜のこと。六月から七月にかけてのペテルブルグでは、文字通り、夕陽が地平線に沈まぬうちに日の出となり、太陽に忠実な体内時計を持った人々はアドレナリンを放出し続ける。しかしいくら広大なロシアでも、五月に白夜はあり得ない。つまりここでの白夜は文字通りの明るい夜ではなく、暗く重たい冬の夜から完全に解放された自由な気分の象徴としての白夜、エピグラフにあるように一気に芽吹いた新緑の芳香と五月の新鮮な夜、あるいは間もなく訪れる本当の暮れない夜への期待感などが表現されていると考えるべきだろう。中間部の速い動きと物悲しい色調は、五月の夜に独りたたずむ若者の甘く切ない胸の高鳴りだろうか？

［一柳富美子］

Белые ночи　　5　　Les nuits de mai

Какая ночь! На всем какая нега!
Благодарю родной полночный край!
Из царства льдов, из царства вьюг и снега
Как свеж и чист твой вылетает май.

А. Фет

5月「白夜」冒頭

夏

六月—八月

六月

川辺の草原や森で野バラ（ドッグローズ）がピンク色の花びらを開くと、夏がはじまる。一年で日の光がもっとも長く大地に注ぐ六月が到来したのだ。朝霜もごくまれになる。雲ひとつない大空に太陽は高く昇り、日ごとに気温が増してゆく。昼はますます長く、バラ色の夕焼けはすぐに朝焼けにと変わる。六月は夏至の月だ。

「六月は白夜と花咲く草々とさえずる小鳥の月」というように、六月以上にいきいきと生命の躍動する季節があるだろうか？　一雨ごとに大地はうるおい、みずみずしい草と花々におおわれ、祝祭を迎える。ロマーシカ（フランスギク）、セイヨウノコギリソウ、青色のヤグルマギク、カリーナ（セイヨウカンボク）、マリーナ（ラズベリー）、全部はとても数え切れない。草の茂った田舎道ではツバメたちが地面すれすれに飛び交う。庭園ではまだライラックの花が芳香を放ち、夜にはソロヴェイ（サヨナキドリ）たちの歌声が響き渡るが、昼はカッコウの鳴声へとかわる。

「六月、食べ物は少ないが、生きるのは楽しい」といわれるが、野には食べられる草がたくさん育っている。スイバのみずみずしい葉と茎、ぴりっとするキャラウェイの新芽、野生のチャービル、イラクサ、ハマアカザ。摘んでスープにしたり、ピロシキの具にすれば、食欲がわき、体のためにもいい。森の草地ではベリーシーズンの幕開けを告げるワイルドストロベリーが熟れはじめた。ロシアの森のおいしさナンバーワンの、このベリーの辺りはかぐわしい香りにみちている。ヤマイグチやヌメリイグチといったキノコも出てくる。さあ、編み籠を手に森に行こう！

熱心にさえずっていた小鳥たちは結婚シーズンを終え、巣づくりし、産卵して、子育てに励む。こんどは水辺でカエルたちが騒々しく「イクラ　カカヴァ？（卵どうなの？）イクラ　カカヴァ？」と鳴きたてる。庭園ではライラックにかわり、ジャスミン（セイヨウバイカウツギ）が頭をくらくらさせるほど強い芳香を漂わせて咲いている。畑ではライ麦が大きく育って列をなし、穂に花を咲かせて、初夏の終わりを告げている。

七月

七月は夏の頂。日は短くなってゆくが、暑さは強まる。一年でもっとも気温の高い月だ。朝から太陽は晴天を約束する。真昼には生い茂る植物たちの草いきれと暑さにつつまれる。急に気温が上がったかと思うと、湿気を含んだ上昇気流が黒雲の塊となり、雷を伴った豪雨をしばしば降らせる。草刈り、秋蒔き穀物の畑の準備、穫り入れはじめと忙しくきつい労働の月だが、七月はベリーの月でもある。森ではチェルニーカ（ビルベリー）に「北国のザクロ」と呼ばれるコスチャニーカ、ラズベリー、ゴルビーカ（クロマメノキ）とベリーがいっぱい熟す。菜園では野菜が熟れだした。

真夏の指標はボダイジュの開花だ。ロシアにもっとも多く分布するフユボダイジュの開花前線はおよそ北緯四十五度のアゾフ海岸から六十度のペテルブルグまでを一カ月間で北上する。ロシアの中央部では五日から十五日の間に開花し、したたり落ちるほどたっぷり蜜を含んだ花の周りを早朝から夕方遅くまでミツバチが飛び交う。ボダイジュの蜂蜜は透明な金色で、かぐわしく良質な蜂蜜として名高い。ロシア語でリーペッツといい、古くは七月の呼び名でもあった。もうひとつ七月の蜜源植物として有名なのはヤナギランだ。明るい森の草地や伐採地、水辺で群落をつくり、丈高く穂状に赤紫の花を咲かせ、ミツバチたちに惜しみなく蜜を振る舞う。

民間では「蜜のでるボダイジュの花が咲く時、草刈り真っ盛り」といい、冬に家畜の餌にする干し草用の草刈りの時期である。草原では色とりどりの花が咲き、イネ科の植物も大きく育ち、受粉して、栄養分がいっぱいだ。昔からイワン・クパーラ（七日）のころは大地の生命力が最高潮に達し、草々は特別な力を持つとされた。イワン・クパーラ前夜の真夜中に光りかがやく花を咲かせ、宝のありかを教えるというシダの花の伝説が語り継がれる。前日六日のアグラフェーナ・クパーリニツァの日からペテロとパウロの日（十二日）までを農民たちは大きなひとつの祭りととらえていた。彼らはこの時期が大のお気に入りで、にぎやかで心弾む干し草用の草刈りは一大イベントだった。刈り取られた草はノコギリソウ、バイソングラス、ヨモギ、ハッカなどが合わさってあたりをいい香りでいっぱいに満たす。いよいよライ麦が熟れ、穫り入れの時が来た。

八月

前半はまだ暑い夏だ。太陽は大地を照らし、悪天候への急激な変化もなく、穏やかな晴天が続く。

だがはじめはほとんど気づかないほどに、涼しさが日ごと増し、夏の炎暑は去り、時は秋へと動いてゆく。

穀物の穫り入れは盛んにすすんでいる。同時に秋蒔き穀物の種蒔きだ。果樹園ではリンゴが熟れ、菜園ではキュウリにトマト、キャベツが結球しはじめる。土の中ではニンジンにジャガイモ、甘いビーツも育っている。朝から晩まで腹ペコで働いた成果を手にする時だ。

森ではコケモモの実が熟れて八月中実り続ける。この月の蜜源植物はボダイジュと並び称されるソバの花。そして夏の最後の蜜源植物はヒースだ。

長雨のあと、十分に湿った森ではあちこちにたくさんキノコが出て、運がよければキノコの王様ヤマドリタケ（ポルチーニ）だって収穫することができる。

聖母就寝祭（二十八日）は秋迎えの最後の祭日だ。穫り入れもほとんどの種蒔きも終わり、この日までにすべての野菜も果実も収穫を迎え、冬に向けての準備がはじまる。

ロシアの夏は短く、明け方の冷え込みがはじまる。

［小林清美］

イワン・クパーラ

春たけなわを過ぎ、日脚が一日一日長くなる。北ロシアでは、夜がどんどん短くなり、ついになくなってしまう。夜中の十二時を回っても、外ではまだ本を読むことができる。北のヴェネツィアとも呼ばれる、ロシアの古都サンクト・ペテルブルグでは、真夜中に橋が上がり、大きな船がネヴァ川をラドガ湖に向けて遡行してゆく。白夜の季節だ。

カーテンを引いても部屋の中はまだ明るいので、いつ眠りにつけばよいかわからない。人々は、涼しい風に吹かれながら、明るい真夜中のそぞろ歩きを楽しんでいる。桜が満開のころの日本も何か得体のしれない興奮に包まれるものだが、白夜のロシアもそれに似た静かな熱狂にとりつかれる。桜の木の下には死体が埋まっているというが、白夜のもとではどんな奇怪なことが起こるのであろうか。

七月六日のアグラフェーナ・クパーリニツァとその夜、つまりクパーラの前夜、七月七日のイワン・クパーラ、七月十二日のペテロとパウロの日までの一週間ほどが、ロシアの人々が短い夏のクライマックスを味わう時期である。キリストに洗礼をほどこした、いわばキリストの師匠である洗礼者ヨハネの誕生日が、ロシアでは、イワン・クパーラ（聖ヨハネ祭）と呼ばれている。

夏のイワン・クパーラは、一年のサイクルの中では、冬のクリスマスに対応している。クリスマスは冬至のすぐ後にあたり、この日あたりから日が長くなっていくのに対して、聖ヨハネ祭は夏至のすぐあとにあたり、ここから一日一日、日が短くなっていく。洗礼者ヨハネは言う。「あの方（イエス・

キリスト）は栄え、私は衰えなくてはならない」（『ヨハネによる福音書』三章三十節）。キリスト教の祭りで生誕を祝うのは、キリストと洗礼者ヨハネと聖母マリア（九月二十一日）だけだ。

十九世紀ロシアの作曲家ムソルグスキイに《禿山の一夜》という名曲があるが、その舞台は、このクパーラの前夜である。キエフ近郊の禿山には、この短い夜を派手に祝うために、世界中から続々と悪魔や魔女、魔術師たちが集まってくる。西欧では、悪魔が大饗宴を行うワルプルギスの夜は、四月三十日から五月一日にかけてであるが、ロシアでは、洗礼者ヨハネの誕生日の前のクパーラの前夜である。また、十九世紀の作家ゴーゴリの『ディカーニカ近郷夜話』前篇に収められた「イワン・クパーラの前夜」も、一年でもっとも短い夜に人々をつつむ、ただならぬ妖気をよく結晶化している。

イワン・クパーラは、端的に言って、火と水の祭りである。人々は、日脚がもっとも伸び植物の生命力が最高潮に達するこの時、輝きを増す太陽のもとで水浴を楽しむ。単に暑いから水に飛びこむということももちろんあるのだろうが、太陽のもとでの水浴は、太古からそれ以上の宗教的な意味合いをもっていた。

十九世紀から二十世紀にかけての民俗学者たちは、クパーラの遊戯と祭りは、火と水の婚姻を祝うものであると考えてきた。祭りの名称「クパーラ」はまさしく「洗礼者」なのではあるが、民衆の語源詮索においては、「クパーチ＝洗礼をする、水浴する」「キペーチ＝沸騰する」という動詞と結びついている。つまり、太陽が水浴することによって、水が沸騰し清められるのである。太陽が照り、適度に雨が降らなければ、穀物は成長することができないから、人々は太陽のもとで水浴することによって太陽と水の結婚を寿《ことほ》ぎ、その調和が穀物の結実を促し、豊かな収穫に恵まれることを祈ったのである。また、太陽によって浄化された水、あるいは、イワン・クパーラ早朝の朝露は、人間の身体を清め、健康をもたらす効能をもっていた。

「火」は、天上の火である太陽であると同時に、地上の火としての「たき火」でもあった。たき火は太陽の象徴である。イワン・クパーラの祭りでは、人々、ことに若者たちが、村のはずれ、たとえば、放牧地、道の分岐、貯水池の脇、畑の近くの小高い丘に集まって、たき火をし、歌ったり踊ったりして浮かれ騒ぐ習わしだった。この火は、つねに「生きた火」、つまり、摩擦熱で自然に起こった火でなくてはならなかった。人々は、このたき火のうえを跳び越えてわが身を清め、災いを払ったのである。

植物の力が最高潮になるイワン・クパーラの時期は、悪を行う魔術師、コルドゥンの恐ろしい魔術の力も絶頂を迎える。魔術師や魔女は、クパーラの前夜に現れては、収穫を横取りして魔術師の穀物倉に運び去ったり、雌牛から乳を吸い取ったりすると信じられた。人々は、何とかしてこの悪の力から身を守らなければならない。百姓家の主人は、クパーラの前夜には外に出て夜通し畑や家屋敷の番をした。この世に満ちた邪気を払うため、人々は水浴したり、たき火をたいたりするのだが、水浴を嫌がったり、たき火を跳び越えたがらなかったりした者は、魔術師や魔女であるという嫌疑がかけられ、場合によっては、火あぶりにされた。

邪気を払ううえで頼りにされるのが、ティーンエイジャーの若者たちの、あふれんばかりの生命力だ。歌って踊るだけではない。若者たちはイワン・クパーラに、乱暴狼藉《ろうぜき》することが大目に見てもらえる、というか、むしろそれが奨励された。若者たちは、門戸をぶっ壊し、暖炉の煙突を塞ぎ、納屋から農具を引っ張り出してはそれを村のはずれに捨て、道で出会った人に誰彼かまわず泥水をぶっかけた。このメチャクチャなデタラメな力が邪気を払うとされた。一人前の大人たちは、しょうがないなあというあきらめ顔で、後始末に追われるのである。

それから、老いも若きも男も女も裸で水浴したりするので、男女の間での過ちも起こりやすい。どうにもならない力が、男と女を善悪の彼岸に押しやる。兄と妹、舅と嫁が道ならぬ関係をもってしまう。恋に落ちた兄と妹は、イワン・ダ・マリアという黄色と紫の対照が鮮やかな野草となった。イワン雷帝が編纂を命じた十六世紀の法令集『百章』には、イワン・クパーラの祭りのエロティックな側面が次のように論難されている。「男や女や娘たちが夜遊びのために、すなわちみだらなことを語り合い、悪魔的な歌をうたい、踊ったりとび跳ねたりするため、さらには冒涜《ぼうとく》的な行為のために集まってくる。さらにまた、少年たちに対する淫行と生娘に対する暴行がしばしば行われている」

夏至のころは、よかれ悪しかれこの世全体が生命力に満ちる。イワン・クパーラの日に集められた薬草は、魔法の特別な治癒力を持つとされたから、人々は薬草集めに勤しんだ。クパーラの前夜が白々明けようとする夜明け前、露に濡れた薬草がもっとも効能があるとされた。飲むと姿が見えなくなる薬草、空が飛べるようになる薬草、勝負ごとに勝つ薬草などが、前日のアグラフェーナ・クパーリニツァの日からイワン・クパーラの日にかけての夜にだけ見つかる。

そうしためずらしい草の中で、特別な位置を占める夢の草がパポロトニク（シダの一種とされる）である。パポロトニクの花は、クパーラの前夜の真夜中きっかり、ほんの数秒しか開かない。夏至の夜に満ち満ちている悪霊に守られていて、悪霊たちが人の注意をそらすので、パポロトニクの花が開く瞬間をうまくとらえることは非常に難しい。この花を見つけ、花が咲いているうちに摘み取ることができた者は、花を持ち続ける間、無常の幸福を味わうことができる。それは、絶世の美女の心を恋の炎に燃えたたせる、摩訶《まか》不思議な力を持っているのだ。

［三浦清美］

ルサールカ

聖霊降臨祭とともに春は終わりを告げ、初夏が訪れる。聖霊降臨祭は復活祭から数えて五十日目に祝われる移動祭日であり、五月から六月の間のいずれかの日曜にあたる。復活したイエスが残した言葉のとおりに、集まった信者たちが聖霊に満たされ、さまざまな言葉で語り始めた――という出来事に由来する祝祭日である。聖霊降臨祭に先立つ一週間は「ルサールカの週」「緑の週」などと呼ばれる。

草木の織り成すさまざまなニュアンスの緑が目にまぶしい、植物の生命力みなぎる季節である。畑では収穫を目前に控えたライ麦が重たげに穂を垂れる。この時期には死者供養とともに、農耕儀礼、また植物の力の恩恵に与《あずか》ろうとするさまざまな儀礼が行われた。

聖霊降臨祭に先立つ木曜、ルサールカの週の木曜はセミークと呼ばれる。セミークは不自然な死に方をした死者（ザロジヌィエ・ポコイニキ）の追善供養の日である。不自然な死に方をした死者とは、寿命を全うすることなく死んだ者たちのことで、自殺した者、酒の飲み過ぎで死んだ者、親に呪われて死んだ者、洗礼を受ける前に死んだ者、客死した者などを指す。魔法使い、魔女、吸血鬼などと目される者の死も不自然な死と見なされた。これらの死者は大地には受け入れられないと考えられたため、墓地に埋葬されず、人里離れた場所に置かれた。そして天寿を全うしたとされる死者とは別に、セミークに供養されたのだ。

ルサールカは、聖霊降臨祭の時期にこの世に現れると考えられた。一般的には水辺にいる女性形の妖怪として知られる。水死者、自殺した女性など、不幸な死を遂げたものがルサールカになるといわれた。髪を編まずに垂らした絶世の美女、あるいは反対に恐ろしい醜女の姿をしており、人間を襲い、高笑いとともに死ぬまでくすぐるといわれた。一方、ルサールカが人間の男と男女関係を結ぶという内容の伝承もある。ほかの妖怪と同様、十字架、祈りの言葉に弱いと考えられたが、独自の弱点としてヨモギを苦手とするといわれた。そのため、聖霊降臨祭の時期にはルサールカ除けにヨモギを身につけて出歩くようにしたという。

月明かりの下、池のほとりで輪舞に興じる蒼白い顔のルサールカたちの姿は、ゴーゴリの『ディカーニカ近郷夜話』前篇に収められた「五月の夜」(一八三一)でも描かれている。主人公レフコは、継母(=魔女)の虐待を受けて入水自殺し、水辺の幽霊(=ルサールカ)の一人となった不幸な娘と出会う。娘はレフコの協力によって継母への復讐を果たすと、その礼としてレフコとその恋人の結婚を成就させる。この作品は一九五二年に映画化されている。編まずに垂らした長い髪を草花で飾った、白装束の美しいルサールカたちが登場する。

ロシアにおいて語り継がれてきた伝統的な妖怪の多くは一定の空間に属す。そのことはその名称からも明らかである。たとえば「森(レス)」に現

I. Ya. ビリービン《ルサールカ》(1934)

れる妖怪」はレーシイ、「水（ヴォダー）辺に現れる妖怪」はヴォジャノイ、「家（ドム）に現れる妖怪」はドモヴォイと呼ばれる。一方、ルサールカという名称は、死者追悼のバラ祭りであるラテン語Rosaliaが、聖霊降臨祭を意味する中世ギリシャ語のρουσάλιαを介して死者供養の儀礼ルサーリイ русалииの語源となり、そこから派生したと考えられている。

ルサールカは一定の空間に属す妖怪ではない。ルサールカが属すのは一定の時間、すなわち聖霊降臨祭、そしてセミークという祝祭的・境界的時間である。ルサールカはこの時期にのみ出現する。またその容姿や行為にも、聖霊降臨祭やセミークにおける死者供養、植物崇拜、農耕儀礼に関わる要素を見てとることができる。たとえば、死者との関わりを示す要素としては死者（特に不自然な死者）がルサールカになるとされること、生者を脅かす存在であること、顔色の悪さ、白装束（＝死装束）などが挙げられる。また植物や農耕儀礼と関わる要素としては、編まずに垂らした緑色もしくは亜麻色の髪（＝植物そのもの）、収穫前のライ麦畑への出現などが挙げられる。

また、ほかの妖怪には見られない、ルサールカのきわめて顕著な「女性性」についても触れておくべきであろう。上記のようにルサールカは植物崇拝、農耕儀礼に関わる妖怪である。大地の豊穣や植物の生育が、妊娠や出産といった女性的機能と重ね合わせて捉えられ、それらを司る神格が女性のイメージで描き出されることは、古代ギリシャのデーメーテールや古代ローマのケレースをはじめ、古来広く見られる。ルサールカの強い女性性は、まずその点から解釈されよう。さらに、ルサールカが現れる境界的時間自体にも女性性を求めることができる。つまり、スラヴの神話的イメージにおいては、特に夏期に女性的妖怪が活発になること（イワン・クパーラ前夜に現れる魔女等）、また夏期の儀礼で中心的役割を果たすのが女性であることから、夏期は「女性原理が特に強く働く時間」としてとらえられる。このような大地母神・農耕神的イメージと夏期の出現が、妖怪としてのルサールカの強い女性性を根底から支えているのである。ルサールカは、文学をはじめとする芸術作品の中で、妖精、乙女、娼婦、恐ろしい母親といった、元型的・ファムファタル的存在として比較的頻繁に登場する（現代では「ルサールカ＝人魚」のイメージも強い）。こうした設定の背景には、ルサールカが本来的に備える、儀礼に根差した強い女性性がある。

一方、十九世紀の資料でよく見られるのが幼児の姿をしたルサールカに関する伝承である。これは言うまでもなく、天寿を全うすることなく夭折《ようせつ》した子どもたちの霊が、不自然な死を遂げた者の霊を祀るセミークにこの世に出現したものとして解釈できる。しかし、この「子どもルサールカ」の伝承は時代とともに減少し、早世した子どもでさえ、ルサールカになった途端に成熟した女性の姿を持つようになる。こうした点からもルサールカにおける圧倒的な女性性というものがうかがわれよう。

ルサールカの週が終わるとルサールカたちは姿を消す。水中にある豪奢な御殿に戻っていくという伝承もあるものの、それ以外に水中でのルサールカに関する伝承はきわめて少ない。地上で示す強烈な存在感を考えると、水中では存在することをやめてしまったのかとさえ思われる。つまり、ルサールカは一定の境界的時間にのみ、生と死の要素を併せ持ちながら人間とともに「この世」に存在するといえる。ルサールカにとっては境界的時間だけが流れているのである。

［塚崎今日子］

COLUMN

墓に願いを

モスクワには墓地が多い。筆者の手元にある地図では、十字の墓地印は七十ほどだが印の無い埋葬地も多い。たとえばクレムリンのセナーツカヤ塔の両側には十二の胸像が並ぶ。スターリン、ブレジネフ、アンドロポフ、ジェルジンスキイ等ソ連の権力者たちの埋葬場所だ。背後の壁には火葬後の遺灰を入れた箱が埋め込まれた人たちが、レーニン夫人クルプスカヤ、元帥ジューコフ、作家ゴーリキイなど百余り。宇宙飛行士ガガーリンの墓もここで、飛行士たちは飛ぶ前にここにお参りする習わしがあるという。そしてスターリン時代、過酷な粛清による大量の犠牲者の密かな埋葬地がいくつもある。今、判明した場にはそれぞれ記念碑がたつ。

だが墓地も暗い話ばかりではない。「祈れば願いが叶う」墓が点在する。墓の主は「信仰心厚く、予知、透視、治療といった能力を持ち、悩む人を助け、故に迫害を受け、なお信を曲げず、死後も敬愛されている」人物が多い。アレクセーエフスコエのインノケンチイ、庶民のあこがれの墓地ワガニコヴォのアンフィテアトロフ（この墓地には泥棒たちが頼りにする「黄金の腕のソーニャ」や健康のことだけ引き受ける瘋癲《ふうてん》行者ミトロファンもいる）、一番小さい墓地チェルキゾヴォのイワン・コレイシャ等。位の高い苦行修道士インノケンチイは優れた予知能力でソ連の未来まで予言し、流刑。革命十年前に「困った事があったら私の墓にきて話しなさい、（お金の事以外）助けよう」と言って死んだ司祭アンフィテアトロフの墓はすぐに人気スポットとなったため、革命後執拗なお墓いじめにあった。それをくぐり抜け、一時墓も失われたが今は復活した。瘋癲行者イワン・コレイシャは生涯精神病院で過ごした。修道女オリガも革命で閉鎖後修道院を追い出され、二度も精神病院に放り込まれ、悲惨な生活の中でも百二歳まで壮健、自分で墓を決め、信奉者に囲まれて世を去った。オリガの墓を尋ねた折、若い女性が長い、長い、長い祈りを続けていた。

だがモスクワでもっとも有名なのは盲目の聖女マトローナだ。彼女もまた特別な能力を持ちながら眼球を持たずに生まれ、十代で歩く力を無くし、モスクワで苦労を重ねた。柩はポクロフスキイ女子修道院にあり、わざわざとお参りの長い行列が続く。しかしここは有名になり過ぎた感じもする。柩への入り口に警備員がいて、行列ではなく建物にカメラを向けただけで「撮るな」と制止。売店では若い売り子さんが黒服ながら肩にレースがぴっと張って、一瞬「メイドカフェ？・」（行ったことはないが）かと思う雰囲気。

マトローナに静かに祈るなら自ら望んだ埋葬地ダニーロフスコエ墓地へ行くのが良いかもしれない。一九九三年伝記本の出版で有名になったマトローナは聖人に推挙され、九八年審査のため墓が掘り起こされる。審査後、認定をまたず聖女にする、という意志を持っていたと思われる当時の総主教アレクシー二世は柩を戻さず、同年復活したばかりのポクロフスキイに運ぶ。その後聖人と宣言。今やポクロフスキイはモスクワ一の隆盛を誇る。では元墓地はというと、柩をなくした墓も前と変わらず、ただし静かな行列があった。というのもここにはポクロフスキイにはない素晴らしいものがあるから。墓は小さいお堂のようで可愛らしい。中に入ると下は土のままの地面でそこに火の

聖人になる前にマトローナが埋葬されていた墓。今も訪れる人の列が続く（2015年。撮影：筆者）

ついた蝋燭が何本か。この土が薬効を持つ。一つかみ持ち帰り痛む所にあてると痛みがとれる、癌に当て続けると癌が消える。祈りだけでなく、何かを手にできるのは心強い。しかしみんなが持ち帰ったら土がなくなってしまわないか？　その心配はない。土は補給される。この場に置かれることでマトローナの土になるからだ。

［渡辺節子］

蒸風呂小屋

ロシアの風呂は水をはった日本の風呂とは異なり、蒸風呂である。蒸風呂小屋での蒸気浴は全ロシアで広く行われているが、南ロシアでの普及は二十世紀になってからのことで、元来は北ロシアの習慣であった。十九世紀から二十世紀にかけての北ロシアの農村では、蒸気浴は夏は週二、三回、冬はもっと回数は少なかったというデータがある。風呂というと寒い季節に温まるために入るというイメージがあるが、蒸風呂の元祖とも言える北ロシアではむしろ夏が蒸気浴の季節だったのだ。

蒸風呂小屋には当初、煙突はなく、かわりに天井際の壁に煙を出す通気口である煙出しをつくり、そこから煙を外に排出した。蒸気や熱気を逃さないようにドアはかがまなければならないほど小さく、小屋内に立つと頭がこすれるほど天井も低く、窓がないため中はとても暗い。また煙突がないため壁や天井も煤がついて真っ黒だった。

こうした煙突のない蒸風呂小屋は、「黒い」蒸風呂小屋と呼ばれた。蒸気を起こすために火を扱うので火事の危険性があり、基本的に川や湖などの水場の側に建てられ、水場がない場合でも母屋から離れた敷地外のあまり目に付かない場所へと追いやられていた。しかし近代になって蒸風呂小屋に煙突がつくようになり、現代になると水道の普及のおかげもあり、蒸風呂小屋は敷地の中や母屋のすぐそばに建てられるようになっている。この煙突つきの蒸風呂小屋は「白い」蒸風呂小屋と呼ばれる。

ロシアの蒸気浴は日本のサウナとは異なり、単に小屋の中で汗をかくだけでは終わらない。ベンチ

郵便はがき

切手を
貼って下さい

150－0043

東京都渋谷区道玄坂 1-22-7
道玄坂ピアビル 5F

東洋書店新社
編集部 行

購読申込書

小社発行図書のご注文は、お近くの書店にお願いします。

お急ぎの場合は、発売元(垣内出版)までお電話、
またはこのハガキでお申し込み下さい。

送料別途。

お問い合わせ：Tel 03(3428)7623 ／ Fax 03(3428)7625

書名		冊
		冊
		冊

ご芳名《フリガナ》　　(部課：　　)

送付先　□□□-□□□□

☎(　　)　－　(必ずご記入下さい)

ご購入
図書名

フリガナ
ご芳名　　　　　　　　　　　　　　　　　　男・女
歳

ご住所□□□-□□□□　　☎（　　）　－

E-mail

ご勤務先（学校名）
☎（　　）　－

ご購入のきっかけ（番号を○で囲んでください）

1. 広告を見て（新聞名:　　　　雑誌名:　　　　）
2. 書店で見て　3. 弊社ご案内　4. その他（　　　　）

お買い上げ書店名　　　　区・市・町　　　　書店

購読されている
新聞 又は 雑誌

ご感想、編集部へのご意見、今後の出版物へのご希望、ご興味をお持ちの分野など

皆様のご意見は、今後の本作りの参考にさせていただきます。また、ご記入いただいたご住所、Eメールアドレスに、弊社出版物のご案内をさしあげることがあります。上記以外の目的で、お客様の個人情報を使用することはありません。

に座って汗をかいた後は風呂箒で体を叩く。この風呂箒は葉つきの若枝を陰干しして束ねたもので、風呂箒で体を叩くと木の持つ力が人間の体に移ったり、穢れを除去してくれると考えられてきた。

また、この風呂箒は、現代では夏の八月二日のイリヤの日までに作るといいとされ、材料として白樺の枝がもっとも好まれる。またその白樺は、民間信仰では聖霊降臨祭の日に採取するといいとされる。

一方、蒸気浴を古くから行ってきた北ロシアでは、アグラフェーナ・クパーリニツァと呼ばれる七月六日とイワン・クパーラと呼ばれる七月七日が採取にもっとも適しているとされた。というのも、その時期は夏至にあたり、草木が一年でもっとも多く太陽の光を浴びて薬効が一番高くなると信じられたからである。そのためより健康でいられるように一年分の風呂箒がまとめてこの時期に作られた。また、アグラフェーナ・クパーリニツァの日の夜には特別な蒸気浴を行った。集めてきた草花を蒸風呂小屋の床に広げ、ハッカやキンポウゲ、ヨモギ、カミツレ、シダ、サンシキスミレといった草を一緒に入れて縛った特別な風呂箒を作り蒸気浴をすると体がきれいになり、健康で幸せになると考えられた。

また入浴後にその風呂箒を使って占いも行われた。未婚の女性が川に行って風呂箒を投げ入れ、それがうまく流れていくか、沈んでいってしまうかを見る。もし流れていくようならそれは吉兆であり、いいことがあるとされる。あるいはその風呂箒が流れていった方向にお嫁にいく。沈んでしまった場合は凶兆であり、その女性はその年に死んでしまうかもしれないと恐れられた。既婚者や老人たちも同様の占いをした。沈んでしまえばやはり死の暗示であり、浮かんで流れていけばその年も無事健康で過ごせるという意味にとらえられた。

　蒸気浴は健康の維持のためだけではない。「蒸風呂小屋は蒸気浴をし、蒸風呂小屋は支配し、蒸風呂小屋はすべてを癒す」といわれるほど、蒸気浴は病気の治療にも有効だと考えられた。たとえば十九世紀には軽い病気の時には十分にあたためられた蒸気で入浴するだけで病気が治ると信じられ、子どもの病気を治す唯一の方法だと考えられたこともあった。動けない病人をわざわざ運んでまで蒸気浴を受けさせ治療しようとしたほどである。呪術師もまたしばしばこの蒸風呂小屋で人々の病を治した。

　この治療の際には特別な枝箒がつかわれることもあった。たとえばナラ、ハンノキ、ウワミズザクラの枝は、タンニンが豊富なので多汗症や脂性の肌によいとされたし、エニセイ県では三年間保存した白樺の枝の風呂箒が黄疸《おうだん》の治療につかわれた。ほかにも白樺の枝にナナカマド、カンボク（カリーナ）、フサスグリの枝を混ぜた風呂箒が使われた。

　入浴と治療の場の蒸風呂小屋であるが、ここにはバンニクと呼ばれる妖怪が棲むとされた。バンニクは老人の姿をしているとされ、裸であったり、体を風呂箒から落ちた葉でおおっているとされることもある。バンニクは蒸風呂小屋の主《ぬし》であるため、蒸気浴をする際には、「蒸風呂小屋の主よ、私に

北ロシアの蒸風呂小屋（2015年、アルハンゲリスク州上トイマ地区。撮影：中堀正洋）

体を洗わせて、蒸気浴をさせてください」と許しをもらう。そして蒸気浴を済ませたあとにはバンニクに感謝をして、彼が体を洗うための水や石鹸のかけらを残しておく。

　ほかにも蒸気浴は、婚礼の一部として結婚式の前日や結婚式のあとにも行われた。この儀礼は、結婚初夜の花嫁と花婿二人のために結婚式の前夜に風呂をたき、結婚式の日の朝早くに花嫁の未婚の女友達が彼女を蒸風呂小屋に連れていくことから始まる。そこで彼女らは「乙女の自由を捨てろ」などと言いながら花嫁のお下げを解き、花婿から贈られた風呂箒で彼女を叩く。この時最初に風呂箒で叩いた女性が、次に結婚することになるのだという。

　このように蒸風呂小屋は単なる入浴の場ではない。占いをはじめ、さまざまな民間信仰と結びつき、儀礼や病気治療の場として家屋の中でも重要な場所だったのである。

［山田徹也］

白樺の風呂箒（B. M. クストージエフ《ロシアのビーナス》(1925-26)より）

COLUMN

聖なる水

六月八日はフョードル・ストラチラトの日。キリスト教への信仰ゆえに首を切られた殉教者だが、ロシアでは井戸掘り職人の庇護者とされる。川や池など自然の水のない地では井戸は生きるのにかかせない。水道の時代になってもロシアの各地には聖水や「聖なる」と称された井戸は残った。ロシアの人々は聖水が好きだ。かつての、薬草以外頼るもののなかったころから今にいたるまで――都会はともかく、地方では設備の不備や資格のある医師より神秘的な治療師の方が多いという現状がある――健康のためにその水を飲み、ポリタンクにつめて持ち帰り、水浴施設のあるところでは聖水につかり、体をぬぐった布は近くの木などに結んでおいていく。大きな修道院などでは銭湯のように並んだ蛇口からペットボトルにつめて帰る。

聖水の成り立ちにはいくつかのパターンがあるが、落雷の場から湧き出た泉が一番尊ばれる。自然の泉でも周りを枠で囲まれたり屋根がついたりすると人手掘りでなくても井戸と呼ばれるが、こうした「自然の井戸」はしばしばイコンの出現伝説を持つ。現れるのは聖母やニコラといった有名イコンのほか、殉教者ワルワーラのイコンも多い。ワルワーラはキリストへの愛ゆえ父親のすすめる結婚を拒否。怒り狂った異教徒の父に激しい暴力をふるわれ逃げるが追いつかれ、斧で首を切られる。その罪なき死の場から泉が湧いた。こういう泉にイコンが出現すると礼拝堂が建てられ、十字架行進が行われ、と宗教色が強まる。

だが逆にその宗教色がとれ、庶民版となっている泉もある。モスクワの南東二百キロにある都市リャザンに行った時のこと、ミロスラフスキイ村で伝説の泉に案内してもらったことがあった。春にはすべて冠水するというまったく何もない野原に一カ所、水の出るところがあり、その周りだけ大きな石がごろごろと囲んでいた。伝説にいわく「夫から逃げてきた妻がそこにいた羊飼いの男に隠れ場所を教えないでくれと頼む。男は承知するが夫がくると教えてしまう。途端、男も羊も石となった。これがその石だ」

この話ではワルワーラの名は出てこないが、ほかではワルワーラと呼ばれている泉がある。カトリックではワルワーラは鉱山の庇護者とされており、リャザンの石への変身もそのなごりかと思われる。また宗教色のまったくない泉にも出会えた。アルハンゲリスク市から北ドヴィナ川ぞいに上流へ車で六時間ほどの上トイマへ行った時のこと。現地のアファナーシエフからユーミシへ行く道沿いの木の一つに「マリンカの泉」という小さなプレートがあった。「かつて愛し合う二人がいたが、男は戦争に行き、死んだ。泣いていた娘に雷が落ち、娘も死ぬ。そこから泉が湧いた。この水を飲むと家庭運に恵まれる」

「雷」と「罪なき者の死の場から湧く」という立派な要素を備えた泉だが、小さな泉のあたりに人の気配はない。こういったひとけのない小さな泉にもコップが一つ、置かれている。誰にも飲めるように、と。もっともその水が時に日本の自然の湧き水になれた者には口に運ぶのがためらわれる状態にあったりするのが問題だが。

さらに問題は見た目だけではない。モスクワのツァリーツィノにも聖水があり、以前水質検査をしたことがあった。その結果、化学物質の汚染が判明。「聖水は科学的成分によるものではなく、祝福された地にあることが聖水だ」という言葉もあるが、ツァリーツィノの聖水は今もその地位を保っているのだろうか。

［渡辺節子］

マリンカの泉（2015年、アルハンゲリスク州。撮影：筆者）

草刈りと麦刈り

遅蒔きの種を蒔き終わるころ、村々をつなぐ街道からは、麦畑や牧草地が緑のじゅうたんを何枚も連ねて敷いたように、なだらかな丘陵に遠くまで広がっているのが見渡せる。冬越しのライ麦はもう穂をつけているし、それを追いかけるように春蒔き麦も伸びてくる。畑の周辺から森の間や川辺に点在する草地でも、大地の栄養をすくい取って、夏の光を存分に浴びたさまざまな野草まじりの牧草が成長しきって生い茂っている。夏の仕事は、この草や作物をそれぞれ最良の時に刈り取ったり、穫り入れたりすることだ。体中に汗を噴き出しながら、それをぬぐう間も惜しんで働く農繁期となる。

最初の山場は草刈りだ。草の中に咲くさまざまな野の花が開ききったころ刈り取ると、香りのいい滋養たっぷりの柔らかい干し草ができる。村全体で草地を幾組かの家族に分かれて分担する。男たちは肩に大鎌を、女たちも柄の長

G. G. ミャソエードフ《農繁期（草刈り人）》(1887)

い熊手を持ち、野原で煮炊きする準備も整え、夜明けとともに家族総出で繰りだす。村はずれの草地に行く時は、仮小屋を作って泊まりがけだ。晴れ着を着て野に向かう一行の気分は開放的で明るい。仕事はきついが、村をあげて命あふれる自然と一体になり、夏を謳歌《おうか》する祝祭感あふれたイベントでもある。

草刈り場では、まだ露がたっぷり残る早朝から、男たちが隊列を組み、リズムを合わせて腰の周りで大鎌を振って刈り進む。辺りは刈り取られたばかりの草の発する精気でむせ返るほどだが、地面に倒された草はすぐに乾き始める。熊手で太陽の光と風にかざすようにして集められ、山に積み上げられるころには草いきれは、さわやかな干し草の香りに変わっていく。こうして一気に共同で刈り取られ、小山になって運び出しを待つ。後日、まき散らして目減りしないよう荷車に押し付けて積み込まれ、必要に応じた分け前がそれぞれの家の干し草置き場に運ばれていき、家畜たちの冬中の飼料となる。

丸坊主になった草地に残された干し草の山は、全体がふんわりした藁屋根のようで雨を通さず、中に潜り込めば香ばしいばかりか暖炉のように暖かい。草刈りと干し草山は文学作品に描かれることも多い。トルストイの長編小説『アンナ・カレーニナ』には地主貴族リョーヴィンが百姓たちに交じって大鎌を振って草刈りに精を出し、その夜を一人で干し草山から星空を見上げて過ごす描写がある。貴族らしからぬ行為だが、トルストイ自身草刈りが得意だった。彼の領地を訪ねた徳富蘆花を朝の散歩に誘い、こんな大きな鎌にお目にかかったことがないと驚く蘆花に、百姓から大鎌を取り上げて自ら刈ってみせたという。また、ショーロホフが『静かなドン』の第一部で主人公たちを決定的に引き合わせるのも草刈りの日だ。大地の生命力を容赦なく奪い取った産物の干し草山は、主人公たちのその後の人生に運命的な瞬間をもたらすまたとない舞台でもある。

農耕暦では「ペテロの日（七月十二日）に向けてジェン・ジェン（大鎌を研ぐ音）」、「ペテロの日の快晴、よい草刈り」と言うように七月中旬が草刈りのピークで、カザンの聖母のイコンの日（七月二十一日）までに刈り終えよ、という。一方、畑では去年の秋に蒔いた冬越しのライ麦が実ってきて、カザンの聖母のイコンの日はいよいよ刈り入れを始める日だ。また、この時期には今年の秋蒔き麦の畑も作らねばならない。農耕暦は「ペテロの日までに土を耕し、イリヤの日（八月二日）までに馬鍬で均し、第一のスパス（八月十四日）までに蒔き終える」という。預言者イリヤの日は夏が折り返して、秋に向かっていく境目とされ、「イリヤの日から三つの大仕事、刈り取り、耕し、種を蒔く」という。畑の仕事に加えて野菜や果樹の世話もあり、農事にはきりがない。「ボリスとグレープの日（八月六日）、麦実る」というのは、春の「ボリスとグレープの日（五月十五日）、種を蒔く」と対で、この若き聖者の兄弟が穀物の仕事の時を教えている。いよいよ収穫の時だ。

草刈りが村をあげての共同の作業なのに対し、麦の刈り入れは家ごとの大仕事だ。十九世紀後半に農村を訪ね歩いたS・V・マクシーモフはその様子を次のように伝えている。

実際に麦が実ったかどうか見定めるため、主人は試しに穂から粒をとって口に含み、歯で割ってみる。パチッという音がすればもう実った証拠だ。そうすると主人とおかみさんは刈り入れの日取りを決め、段取りに取り掛かる。隣近所に声掛けして、昔からの「結《ゆい》」ともいえる相互扶助の手助けを頼む。頼まれたら誰も嫌とは言わない。お客に呼ばれた時のように、身支度をきちんとして、よく研いだ自分の鎌を持って、夜が明けるころには麦を刈る畑に集まる。畑はにぎやかな祝宴の場だ。おかみさんはその日の昼と夜に出す食事をできる限り盛大に準備する。飲み物もクワスやビールを念入りに仕込んでおくし、主人もウォッカを居酒屋に行って買っておく。「粥を食べた鎌は低く刈る、食べなかった鎌は高く刈る」とは、ご馳走を食べた刈り手は麦を低く、つまり根元から刈り、それだけ藁がたくさんできるが、反対に高く上の穂だけ切ると藁は少ししかできない。おいしい粥を食べれば、お客の刈り手たちはよく働いてくれるというわけだ。粥はご馳走の代名詞だ。

麦刈りはその始めに、おかみさんが一人、あるいはほかの女たちと一緒にパンと塩、酒を持って畑に入り、最初の一束を刈り取り、その束の上に腰を下ろして、収穫への感謝を込めた歌をうたう。刈り手たちは祝杯を挙げ、それから一斉に麦刈りに取り掛かる。

麦を刈る手鎌は草刈りの大鎌と違って、柄は短く、刃は弧状に湾曲している。大鎌のように立って刈り倒すのでなく、腰を曲げて株の下の方をひと握りして、もう一方の手の鎌で手前に向けて切る。それをいくつか合わせて縄で縛って束ねる。その束を集めて積んでおく。積み方は地方によって決まったものがあり、その積山の名前も違っている。麦を刈るには穂から粒を飛ばさない手鎌が使われるが、燕麦やソバや熟しきれていない麦などには大鎌が使われた。大鎌を持つのは男たち、手鎌はどちらかというと女たちが使うものというイメージがあるが、男も女も刈り入れに精を出すのは同じことだ。

麦刈りが終わると、畑の様子は一変する。朝、穂が風に揺れて海原のようだったのに、夕方には、むき出しになった地面に麦束の積山が散在して、一気に秋の風景になった。最後に刈り残しておいた麦で、「ひげ（ボロダー）」や「おっかさん（バーバ）」の特別な儀礼が行われる。「ひげ」は麦穂のことで、これを集めて十字に結んで土の上に置き、そこにパンを供える。それをするのは特別に選ばれた娘だ。「おっかさん」は巨大な麦束のことで、その上に選ばれた娘を載せ、みんなで作った花輪で娘を飾ってから降ろし、その娘を先頭に一同、陽気に声高らかに歌をうたい、跳ねたり踊ったりしながら村に戻る。十字に結んだ「ひげ」の穂は娘の手で持ち帰られ、家に供えられる。

麦の刈り入れが終わるころまでにエンドウやソバも刈られ、根菜類のニンジン、ビーツ、カブ、ジャガイモも掘り出される。作物の畑からの穫り入れは聖母就寝祭（八月二十八日）までとされ、翌日は収穫を祝う第三のスパス（八月二十九日）だ。春から続いた畑仕事はそろそろ終わりとなる。［石川あい子］

麦刈り（ヤロスラヴリの預言者イリヤ教会のフレスコ画（1680～81）より）

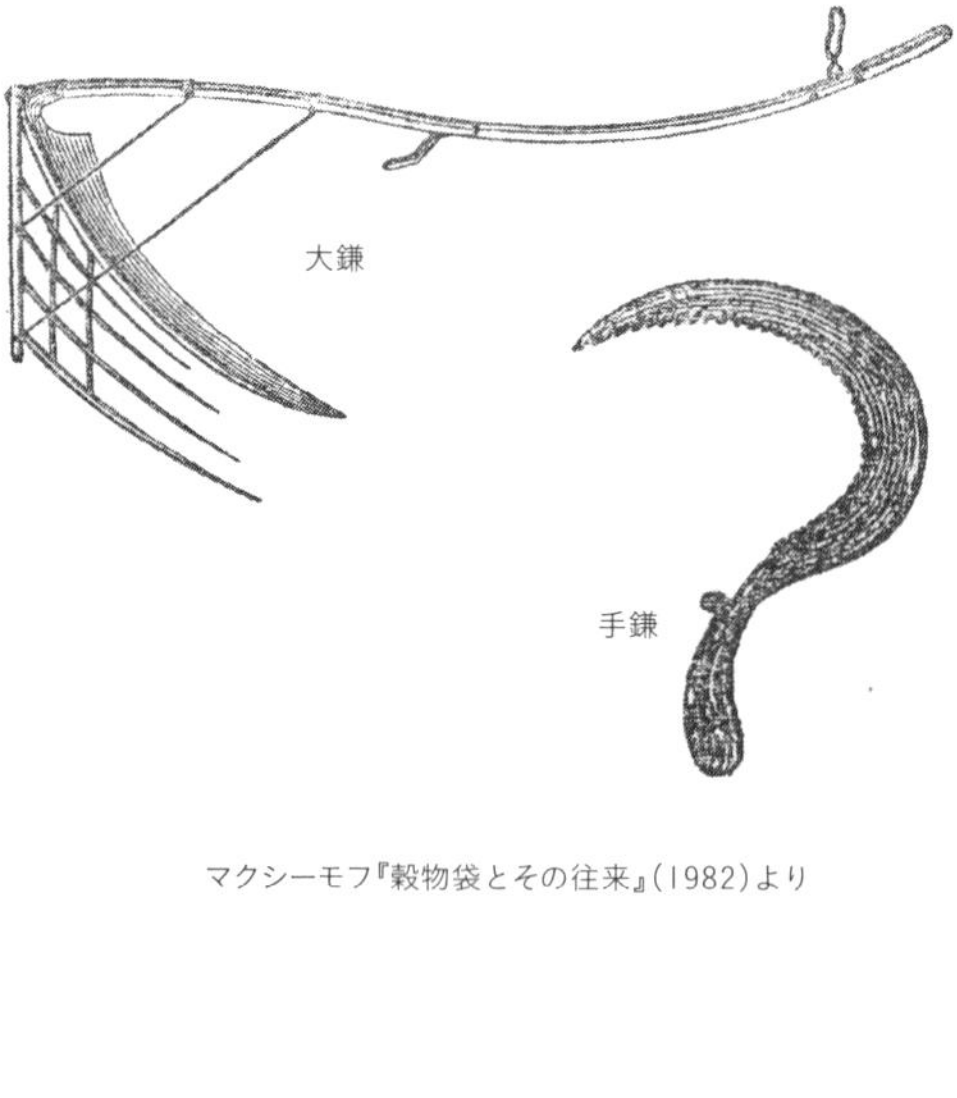

マクシーモフ『穀物袋とその往来』（1982）より

COLUMN

基本の装い

日本でもなじみのある「サラファン」や「プラトーク」、襟の立ち上がった「ルバーシカ」……こうしたアイテムは実際、十九世紀から二十世紀前半のロシア農民の基本の装いだった。特にルバーシカ（ルバーハ）と呼ばれるかぶりの長袖シャツは、男女ともに素肌に直接まとう基本の衣服である。小さな子どもは男も女もルバーハ一枚で走り回っていたという。

男性の装いには、地方差も年齢差もあまりない。上は腰までのルバーハ、下は亜麻か毛織物のズボンだった。ルバーハはズボンの上に出してウエストに紐や帯を巻く。伊達男は外国製の布などをあしらっておしゃれをし、狩人は丈夫な革のベルトをしめて道具や弾薬を装備した。袖口と裾は別布や刺繍で飾ったが、それは同時に服の強度を増すためでもあった。

女性のルバーハは男性のものよりずっと長く、ふくらはぎか足首まである。ルバーハの上に、北部や中部ではチュニック状の「サラファン」を、南部ではスカート風の「ポニョーヴァ」と胸までおおうエプロンを着たから、いずれにせよルバーハの胴の部分はかくれてしまう。実は女物のルバーハは、その見えない胸のあたりでふつう上下に分かれている。上半身には白い綺麗な布を使い、肩や袖に赤や黒の糸で伝統柄の美しい刺繍をほどこすが、下半身は質の劣る粗布で作り、見える裾部分にだけ飾りをつけた。いちいち縫い合わせるのは面倒だったろうが、その方が経済的で、洗濯や保管もしやすかったのだ。

ポニョーヴァは黒や青の生地に大きな格子柄が基本で、スカート型のほか巻き布タイプもある。普段着用、祭日用、喪服用……と用途に合わせて一人で数枚から十数枚を持ち、特に祭日用のポニョーヴァは布や刺繍に凝ってその美しさを競った。既婚女性の衣装だから、プロポーズを受けた娘が母親の広げたポニョーヴァに椅子の上から跳び込む「初ポニョーヴァ」という儀礼もあったという。

サラファンはポニョーヴァよりも遅れてロシアに登場した。ペルシャ語で男性用の長い服を指すsarapaまたはsarapaiが語源とされるが、ロシアではその後女物のチュニックを指すようになる。もともとは自家製の長い亜麻布を半分に折って折り目に穴を開け、そこから頭を出す簡単なつくりだったが、そのうち素材も木綿や毛織物、ビロードと多様になり、前の中心線はたくさんのボタンや縁飾りで彩られるようになった。現在私たちが知っている柔らかい柄物のサラファンが主流になるのは十九世紀後半、工場製の木綿のプリント生地が出回るようになってからだ。裾ひろがりのロングスカートに肩紐をつけた形の薄手のサラファンは、手織りの亜麻や毛織物に比べて縫うのも着るのも格段に楽だったに違いない。娘たちはウエストにきれいな組み紐を巻き、それ

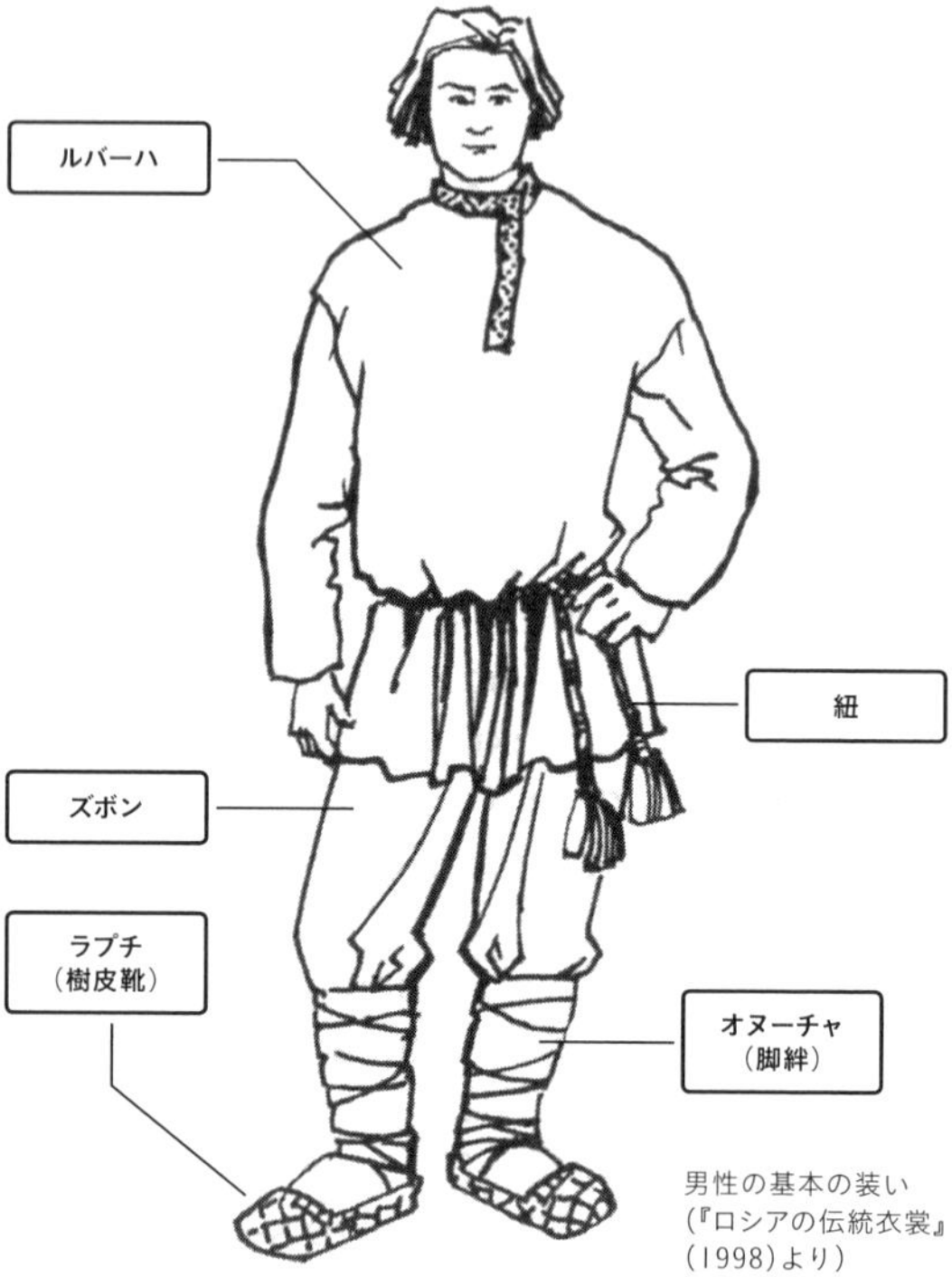

男性の基本の装い
（『ロシアの伝統衣裳』（1998）より）

を結んで端を垂らした。

ルバーハとサラファンという組み合わせは十七世紀には全階層の女性にとって基本の装いだったが、貴族や富裕層の服装は急速に西欧化し、十九世紀末にはこの組み合わせは農民女性のシンボルとなっていた。最初期のマトリョーシカも、ルバーハとサラファンにエプロンをつけた農村の女性をかたどっている。やがて西欧化と工業化は農村にも押し寄せ、女性たちの一張羅は美しいワンピースになった。伝統的なサラファンやポニョーヴァは嫁入り道具の長持ちにしまわれていることが多くなり、二十世紀後半には、あるいは所有者の死出の装いに、あるいは子孫のコレクションに、あるいは博物館の展示品にと変化していったのである。

［熊野谷葉子］

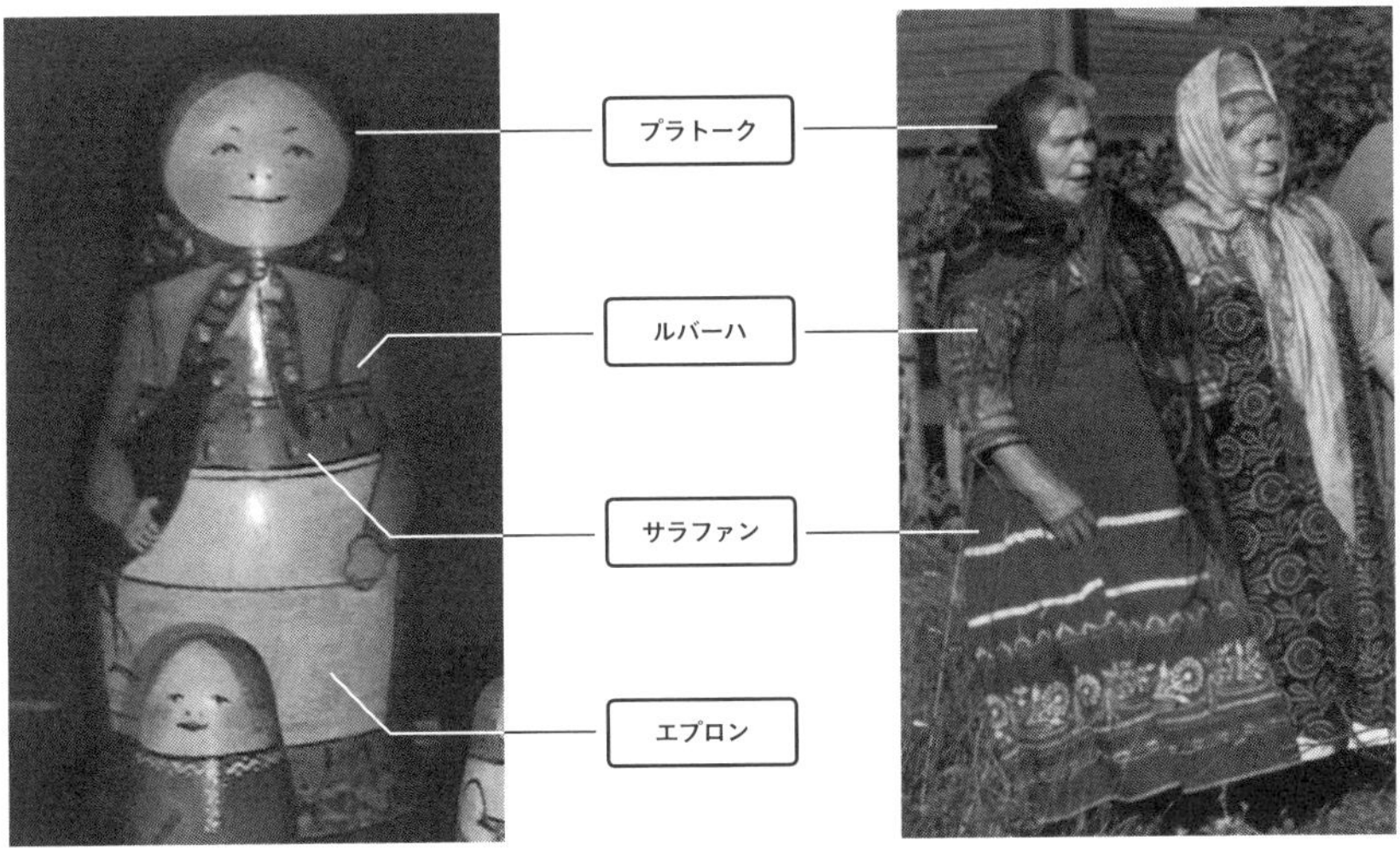

女性の基本の装い。（左）おもちゃ博物館に所蔵されている19世紀末の作とされるマトリョーシカ、モスクワ州セルギエフ・ポサード。（右）1995年、アルハンゲリスク州上トイマ地区。共に撮影：筆者

養蜂

養蜂技術の伝来についてロシアにはこんな言い伝えがある。聖者ゾシマとサヴァーチイが神様の命令によりエジプトからロシアに雌雄のミツバチを連れてきた、あるいはギリシャの聖アトス山から女王バチを錫杖《しゃくじょう》のなかに入れてロシアまで運んできたというのである。ゾシマもサヴァーチイも十五世紀の修道士で、白海に浮かぶソロフキ諸島で厳しい修行を重ね、聖者に列せられた人物である。二人とも遠い外国へ旅に出かけたという記録はなく、ミツバチの伝来と結びつく事実もない。しかしロシアの人々の間では養蜂の守り手として敬われてきた。

ロシア正教会では四月三十日が聖ゾシマを記念する日であり、民間の暦ではこの日に小屋の中で冬を越した巣箱を養蜂場に出すことになっている。暖かくなってミツバチが活動を始め、養蜂の仕事が始まるのである。この日には養蜂場の真ん中にテーブルを出し、パンと塩、洗礼祭（一月十九日）に汲んでおいた水、復活祭の残りの蝋燭などを供え、たくさん蜂蜜が採れることを願ってゾシマとサヴァーチイに祈りを捧げる。

八月十四日、十九日、二十九日は救世主キリストを奉るスパスと呼ばれる祭日であり、収穫を祝う日でもある。そのうち十四日の第一のスパスは「蜂蜜のスパス」とも呼ばれ、その年にできた蜂蜜を巣箱から取り出す日である。十九日は「リンゴのスパス」、二十九日は「穀物とナッツのスパス」と呼ばれる。ミツバチは「蜂蜜のスパス」を境に花の蜜を集めるのを止めると言われている。その年に採れた新しい蜂蜜を教会に献上し、みんなで食べて収穫を祝う。

十月十日の聖サヴァーチイの日には、ミツバチたちの冬越しのために巣箱を越冬用の小屋に入れる。養蜂に従事する者は心の潔白や正しい生活を求められると考えられていた。そのため養蜂の終わるこの日に養蜂家たちは、純粋無垢な十二歳以下の子どもたちと一緒に神様に祈りを捧げる習慣がある。ゾシマの日に始まってサヴァーチイの日で終わるおよそ五カ月が養蜂シーズンである。教会暦の祭日と民間暦の農作業の日程がうまく結びついている。

コローダ(N. A. ボガートフ《養蜂場の番人》(1875)より)

森の中に蜜源植物の豊富なロシアでは、古くから木の洞や切り株の割れ目にできたボルチと呼ばれる野生の蜂の巣を見つけて、蜂蜜や蜜蝋を採集していた。そのうちに人工的にボルチを作って蜂蜜を採集する原始的な形態の養蜂が行われるようになった。このような原始的な養蜂は十八世紀末まで存在していたが、それと並行して、すでに十一～十二世紀には、養蜂場を設けて行う生業としての養蜂も行われていた。そのころの巣箱は丸太の内部をくりぬいて屋根と窓を付けたコローダと呼ばれるもので、それを養蜂場にならべてミツバチを飼育し蜂蜜や蜜蝋を採った。『養蜂小百科』(一九九九)によれば、十六世紀初めのロシアの蜂蜜生産は年間一千万トンに上り、蜂蜜や蜜蝋は毛皮と並ぶ輸出品でもあったそうだ。

木枠を用いた近代的な枠型巣箱が発明されたのは十九世紀の初めであり、十九世紀中ごろには分離機（採蜜器）、巣板（ミツバチの巣房を模して両面に六角形の型を付けた蝋の板）といった養蜂用具が発明され、十九世紀末には養蜂に関する雑誌も出版されていた。

ソ連時代にはコルホーズで養蜂が行われたが、そのころにはもうコローダは用いられなくなり、ほとんどが今のような枠型巣箱となった。

ロシアの生活に根を下ろした養蜂は、蜂蜜だけでなく蜜蝋をもたらした。教会で用いられる蜂蜜色の蝋燭は蜜蝋から作られ、かすかに蜜の香りがする。蜂蜜を供え、蜜蝋で作った蝋燭をともす教会ではミツバチは大切な働き手である。昔から教会と養蜂の結びつきは強く、多くの修道院が養蜂場を所有していた。ロシアのことわざの一つに、「ミツバチは自分のためにも、他人のためにも、そして神様のためにも働く」と言われるゆえんである。

ロシア昔話の収集家アファナーシエフが集めた昔話には、ミツバチはしばしば鋭い針で主人公を助ける援助者として登場する。たとえば、「海の王女マリア」という話の中で、魔女ヤガー婆さんに馬の見張りを命じられたイワン王子が、うっかり眠り込んでしまい馬を逃がしてしまうのだが、ミツバチたちが機転を利かせ鋭い針を武器に馬たちを呼び集め王子を救う。また「海王と賢いワシリーサ姫」という話では、イワン王子が海王に夜明けまでに純粋な蝋でできた教会を作れという難題を出されるが、ワシリーサ姫が世界中のミツバチを呼び集め、刻限までに純粋な蝋でできた教会を作らせる。これらの話にはミツバチが働き者であること、鋭い針を持っていること、蜜蝋を作り出すことなどの特徴が生かされている。

養蜂の盛んなロシアでは今でも毎年八月から十月にかけて各地で蜂蜜市が開かれる。モスクワではコローメンスコエ、ツァリーツィノ、イズマイロヴォなどの蜂蜜市がよく知られている。蜜源植物の異なる、濃い色や薄い色のさまざまな蜂蜜が並べられ、巣に入ったままの蜂蜜も売られている。

蜂蜜はミネラルやビタミンが豊富で古くから世界中で食べられていたが、ロシアでは甘味としてとりわけ重宝された。また、民間医療では熱さましや胃腸の病気の治療にも使われた。蜂蜜はそのまま食べるほかに、飲み物や食べ物などにも利用される。ロシアの伝統的な焼菓子プリャーニクは、小麦粉に香辛料と蜂蜜をたっぷり入れて焼いたもので、成形する時に型を使って表面に美しい飾り模様を付ける。長く保存できることからよくお祝いやお土産に用いられる。また蜂蜜を発酵させて作る蜜酒は昔から祝宴には欠かせないものであった。ロシアの昔話の最後を飾る決まり文句として、よくこんなことが語られる。結婚式に招かれて蜜酒をご馳走になったけど、みんなひげを伝って流れてしまい、一滴も口に入らなかった。この言葉が出てくればどんな話もおしまいなのである。

［青木明子］

キノコとベリー

キノコ狩りへの情熱が今も国民的といえるほどロシアの人々をとらえ、八月から九月のキノコシーズンになると大人も子どもも長靴をはき、編み籠を手に森へ出かけてゆく。また籠を手に森へゼムリャニーカ（ワイルドストロベリー）を摘みに行く光景もロシア人の胸をときめかせるものがあるらしい。「人間の最初の自然への愛は、森で自分が摘んだゼムリャニーカを入れた初めての編み籠とともに芽生える」と作家で森をよく知るD・P・ズーエフは『ロシアの森の贈り物』（一九六一）で書いている。

キノコはグリップ（複数はグリブィ）、キノコ狩りをするひとはグリブニークと呼ばれる。グリブニークの心得の最初に「キノコカレンダーは四月にはじまり、十月後半で終わる」とある。一方、ベリーカレンダーがはじまるのはキノコより遅くて六月の後半だ。

まだ雪におおわれた森の奥深く、日当たりのよい開けた草地や森辺で春一番地上に顔を出す「雪割りキノコ（グリップ・ポドスネージニク）」はアミガサタケ。ヨーロッパではモリーユと呼ばれ、トリュフなどと並ぶ高級キノコである。雪の下には冬を越して甘くなったツルコケモモのベリーがなっていて、「ポドスネージニツァ（雪割りさん）」と呼ばれる。

五月にはアミガサタケが大量に収穫できる。広葉樹の森では晩秋までずっとヒラタケ（ヴョーシェンカ）が生える。ヒラタケは栽培もされていて、二〇〇八年の統計ではマッシュルームについで二位、多くはないが三位ナラタケ、四位シイタケの順である。五月は夏の本格的なキノコシーズンへの準備期間といえる。

六月、森の草地に行けばアイタケやカワリハツなどのスィロエーシカ（ベニタケ属）が生えてきて、編み籠いっぱい集めることができる。白樺林や広葉樹林では人気のポドベリョーゾヴィク（ヤマイグチ）と赤帽子のポドシーノヴィク（キンチャヤマイグチ）、初心者も知っているアワタケ（モホヴィーク）など。「キノコの王様」ベールイ（ヤマドリタケ）も生えてくるが、本当のシーズンは八月になってからだ。ロシアだけでなく、イタリアではポルチーニと呼ばれ、ヨーロッパでも珍重されてきた高級キノコである。

六月の夏至のころ、いよいよ皆が待ちに待ったベリーシーズンの到来だ。幕開けは森の草地一面に小さいながらいい香りを漂わせ、甘さいっぱいのおいしいゼムリャニーカ（ワイルドストロベリー）。シーズン初のベリーが滋養と薬効に富むことは古くから知られている。かつては冬にビタミンC欠乏から壊血病にかかる率が非常に高かったので、シーズンがくるとこのベリーをひたすら二、三週間食べ続ける食事療法が行われた。これは壊血病治療だけでなく、腎臓病、貧血、虚弱体質、病後の体力回復にと広く行われた。保存法では砂糖と煮てベリーの形を残したとろりとしたヴァレーニエが一番好まれ、かつ一般的だ。

七月はベリー月。次々にベリーが実る。一方、一年で一番暑いこの時期は太陽が照りつけ、雨が降らないので、キノコは育たない。だが雨がちの、気温が上がらない七月となると、話は別で、森にはおいしくて質のいいキノコがたくさん生える。月初めに実るベリーはどこまでも続く針葉樹の森に下草として生えるビルベリー（チェルニーカ）だ。この小さな木になる甘くておいしいベリーがロシアの人々は大好きで、これを食べて、口の中を紫色にした経験を皆が持っている。ビルベリーはアントシアニン豊富で日本ではサプリメントに使われているが、昔から猟師たちは「チェルニーカを食べると遠くまで見え、目の疲れがとれる」と好んで食べた。和名はセイヨウスノキ。

七月半ば、ツンドラやタイガの沼沢地が多い森でモローシカ（クラウドベリー）の実が熟す。最近私たちも北欧の高級ジャムでクラウドベリーの名を知るようになった。茎の先端にひとつ実る大き目のベリーは最初赤く、その後オレンジを帯びた黄色に変わるので、古くは「沼の琥珀」とも呼ばれた。北ロシアの人々はこのベリーに特別の愛着をもち、「皇帝のベリー」と呼び、昔から客を迎えたり、送る時、主婦はモローシカ入りピローグ（具入りパン）やヴァレーニエを上にのせたチーズケーキを食卓に出した。革命前のモスクワで人気があり、モローシカのクワスとモルス（果汁を水で割った清涼飲料水）は飲食店の定番であった。十九世紀の詩人プーシキンの好物でもあった。当時ヴォログダなどでモローシカは広大な群落をつくり、大量に収穫された。和名はホロムイイチゴ。

マリーナ（ラズベリー）も一カ月にわたって実る。ロシア人はマリーナが大好物でダーチャ（郊外のセカンドハウス）の庭にはフサスグリ（スモロージナ）、セイヨウスグリ（クリィジョーヴニク）とともに必ず植えられている。民間のポピュラーな風邪薬である。

「北国のザクロ」コスチャニーカ（キタイチゴ）は大きな固い種の入ったルビー玉の実が四粒ついている。味はほかのベリーに劣るが、おいしいキセーリ（果汁の葛湯）、ゼリー、シロップができ、ヴァレーニエも評価されている。種は砕いて肉や魚料理の香りづけに使う。

ゼムリャニーカ

チェルニーカ

モローシカ

マリーナ

コスチャニーカ

ゴルビーカ

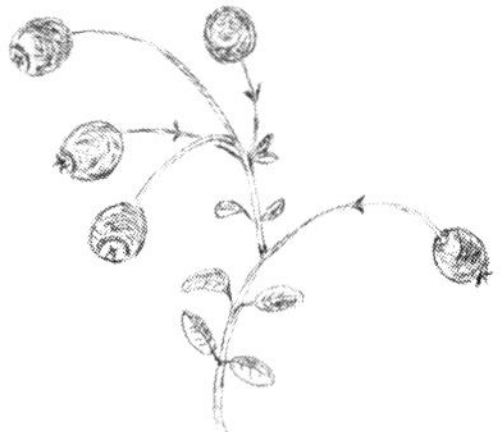

クリュークヴァ

中島久美子画

ゴルビーカ（クロマメノキ）の名はゴルボイ（空色の）に由来する。ゴルビーカ摘みはしばしば頭痛、めまいがして酔っぱらったようになるが、犯人はゴルビーカではなくて、いつも一緒に生えているイソツツジの臭気だ。ベリーの最盛期、群生する場所では一面にうす青の煙がたちこめているかのようだという。

八月には針葉樹の下草のコケモモの実が緑色から白、ぽつぽつ赤くなりはじめて、九月までずっとベリーが摘める。ブラックベリー（エジェヴィーカ）も同じだ。

九月から晩秋まで森林地帯の広大な泥炭の沼沢地はクリュークヴァ（ツルコケモモ）の実で赤く染まる。十カ月間保存がきき、ロシアの家庭になくてはならないベリーだ。クリュークヴァから作ったヴァレーニエとモルスもロシアの家庭で必ずつくり置きされてきた。壊血病、貧血予防、高熱の際に医師たちは解熱剤としてこのモルスを

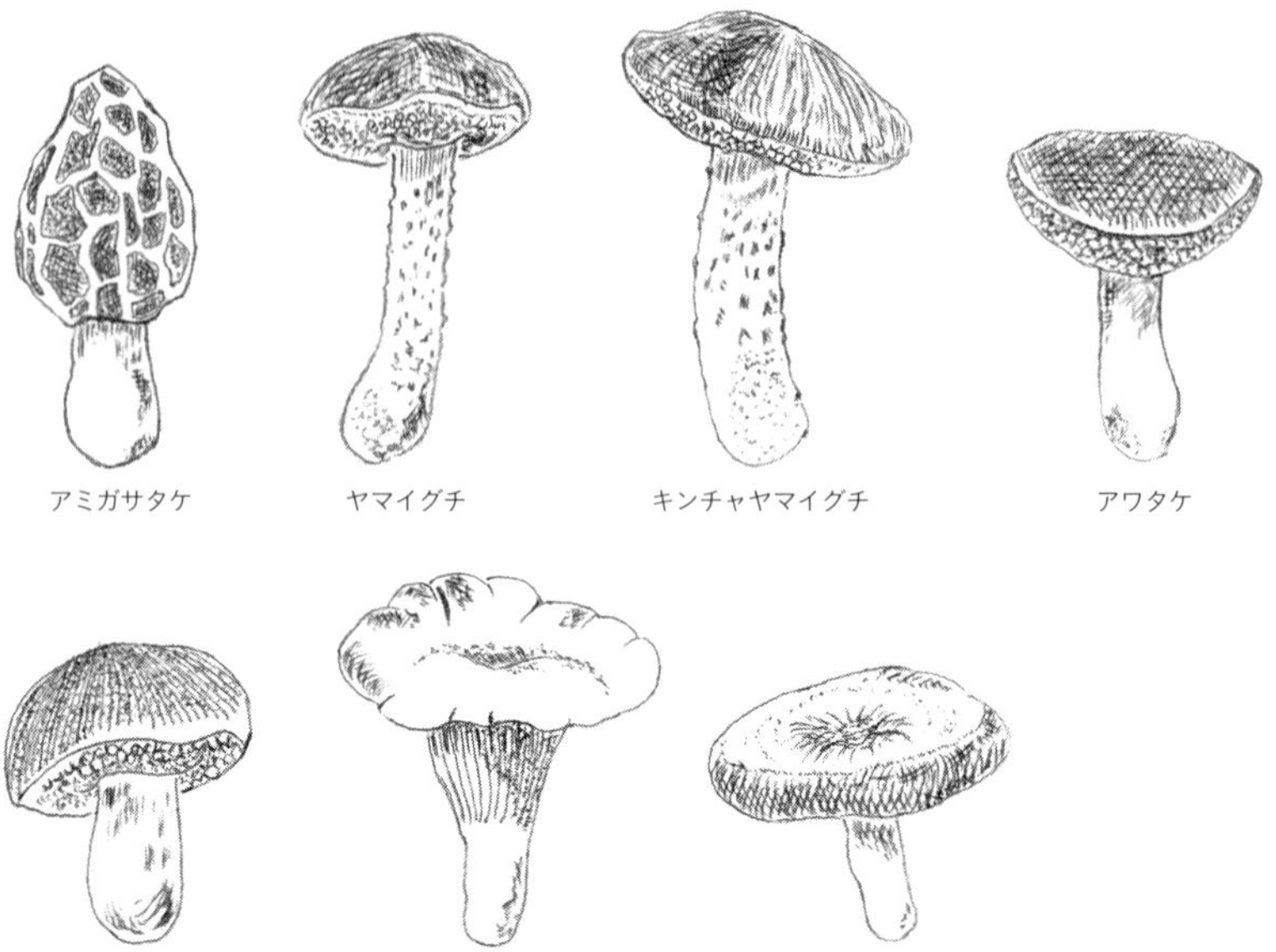

中島久美子画

勧める。

グリブニークたちが待ちかねたキノコシーズンの八月、九月がやって来る。炎暑は終わり、夜霧が頻繁になり、露がたっぷり降りる。松林ではもっともポピュラーなマスリャータ（数種のヌメリイグチ）が、広葉樹の森では秋のオピョーノク（ナラタケ）が生え、苦労せずにたくさん収穫できる。ロシアで最高のキノコとされるベールイ（ヤマドリタケ、本ポルチーニ）がこの時期に大発生することがあるが、その条件は短時間の雷と霧の出る暖かな夜だ。一九六一年にかさの直径が五十八センチ、重さ十キロのベールイの記録があるという。

消費量が一番多いのは、リシーチカ（アンズタケ）とスィロエーシカ（ベニタケ属）。アンズタケは鮮黄色でアンズの香りのするヨーロッパを代表する人気のキノコだ。ベニタケ属の大部分は食用になり、アイタケ、カワリハツタケ、チギレハツタケなどはおいしさ折り紙つきだ。白樺林に多数発生するヴァルーイ（クサハツ）は不快臭があるが、ロシアでは伝統的に塩漬けにする。この塩漬けはほかの多くのキノコに勝ると断言する通人も少なくない。

ベニタケ科のスィロエーシカと並ぶムレーチニク（チチタケ属）も古くからロシアの人々の暮らしと深く結びついてきたキノコだ。ヨーロッパではチチタケ属も大部分食用に不向きとされるが、ロシアでは塩漬けで食べるどころか、塩漬けでは一番とされている。なかでも「八月のグリブニーク」に最高の贈り物」とされる本ルィージク（アカハツタケ）はロシアでは時にベールイより上とまで評価される。数十年前はモスクワ郊外の松林で収穫できたのに、今はほとんど見つからない。キーロフ州には最高級のルィージクが育ち、大昔からの製法による塩漬けキノコ「ヴャトカのルィージク」はまさに垂涎《すいぜん》ものだ。白樺林などに生えるチチタケ属の本グルーズジは、昔「キノコの皇帝」と呼ばれ、毎年塩漬けが大量にペテルブルグに運び込まれた。古来晩餐会の定番で、特に肉の食べられない精進期の食卓を飾るのにグルーズジ料理は大活躍だった。

広大なロシアの森には無尽蔵といえるほどキノコが生え、ベリーが実り、人々は森に入るだけで大量に集めることができる。それらは日常の食生活を支え、薬となり、飢饉の年には多くの命を救い、厳しく長い冬には保存食として役立ってきた。しかもおいしくて、栄養価が高く、ロシアの食卓を魅力的で豊かなものにしてきた。

他方、毎年九月、十月にはキノコを探しに森に入り、行方不明になる者があとを絶たない。出口を求めさまよった末に凍死して発見される高齢者は少なくない。さらにキノコによる中毒でも毎年必ず死者が出ている。ほとんどが猛毒のタマゴテングタケ(ポガーンカ)によるものである。［小林清美］

イリヤの日

聖人というとどのようなイメージがあるだろうか。マリヤのような慈悲深き人？　それとも竜退治のゲオルギイのような英雄？　あるいはキリスト教の布教のために死んでいった悲しき殉教者のイメージだろうか。だがそんなイメージとは異なり、八月二日が祭日の預言者イリヤの民衆的イメージは「恐ろしい」である。

民間信仰によればイリヤは炎の馬車に乗った白髪の老人の姿をしている。そして恐ろしい目つきで空を駆け巡り、神の怒りの体現者として悪魔や罪人を空からの火の矢でもって罰する。イリヤの馬車の音が轟くと悪魔たちは恐れおののいて弓で射られないように畑のあぜ道や人間の背中、犬や猫の体内、水の中、毒キノコの笠の下に隠れたり、ウサギやキツネ、猫や犬、オオカミなどに変身して逃れようとする。

さらにイリヤの目はこの世の不幸へとは向けられず、苦しむ人々の涙やうめき声で心を動かされることもない。次のような言い伝えがある。

大悪魔がキリスト教徒の家に入りこんで「家を燃やしてやる」と脅した。イリヤは雷鳴の音とともに「私は家は憐れまない。おまえを倒す」といった。そして同時に杖でもって叩こうとした。その力によって天から雷鳴が轟き、石の矢が火の雨となって降り注いだ。大悪魔が「人の体の中に入り込んでそいつを殺し、教会に入りこんで燃やしてやる」と再び脅した。しかしイリヤは頑として脅しにはのらず「私は教会も惜しんだりはしない。だがおまえは打ちのめしてやる」といった。イリヤはふたたび雷鳴を轟かすと空一面を飾り紐のような火がめぐり、その火によって家畜と人々は殺され、百年も生きながらえてきた木々は木っ端微塵になり、小屋や聖なる教会にも火の手があがった。

こうした苛烈なイリヤのイメージは、キリスト教受容以前にロシア人たちが信仰していた雷神ペルーンのイメージを引き継いでいるためとされる。また英雄叙事詩の主人公のひとりである同名のイリヤ・ムーロメッツもまた預言者イリヤと混同される。ある宗教説話では神と聖者ニコライが三十三歳まで歩けなかった預言者イリヤに会い、神がイリヤに水桶で二杯半の水を与え、体の具合を聞くと「この世をひっくり返すことができるぐらいです。もし天と地の間に柱があったらすべての大地を破壊することができるでしょう」というので驚き、力を半分にしたというくだりがある。この世界を破壊できるほど強くなってしまったので力を減らされるというのはイリヤ・ムーロメッツの叙事詩でもよく見られるエピソードである。

預言者イリヤのイコン（15世紀中頃、ノヴゴロド）

苛烈でキリスト教の敵と戦うイリヤというイメージがある一方、雨や雷を司るイリヤは麦をはじめとする農作物が天候の被害にあわないよう護る聖人でもある。イリヤの名を冠した教会も乾いたイリヤの教会と濡れたイリヤの教会の二つがセットで建てられ、晴れを望むなら乾いたイリヤの教会で、雨を望むなら濡れたイリヤの教会でそれぞれ祈りを捧げた。

他にもイリヤの日である八月二日は天候と結びつけられることが多い。たとえば「くぐもった音の雷は穏やかな雨、はっきりと聞こえる雷は大雨」「雷がひっきりなしに続くと雹が降る」「雷が長く続くがくぐもっていれば雨、もし鋭い音で長く続かないなら晴れる」などと言われる。ほかにも「イリヤの日に雨が降ると来年のライ麦は豊作になる」などと言われたり、イリヤの日が朝から曇りだったなら種蒔きは早めにすると豊作になり、もし昼ごろ曇るようなら種蒔きはいつもどおりにし、もし夕方曇りになるようなら種蒔きは遅くしなければならず、収穫もよくないなどとも考えられた。「イリヤの日に雨が降れば火事は少なく、晴天ならば火事は多い」などと火事ともよく結びつけられる。

もしこの日が雷雨にまでなればすべての人はドアを閉め、窓におおいをかけて、イコン（聖像画）の前でイリヤに怒りを静めてもらうよう「預言者イリヤよ、空気も震えるような雷と空飛ぶ矢からお救いください」などと祈った。また女性は家の中でも髪の毛を隠した。それは長い髪の毛が雷を呼ぶと信じられたからである。万が一雷によって家に火がついてもそれはイリヤによる罰であり、通常の手段である水で消すことはできない。水以外の液体である牛乳か乳清で消さなければならないとされた。

すでに述べたように預言者イリヤは神の怒りの体現者であり、その性格自体もまた温厚とは言い難いのでイリヤの日は「怒りの日」とも呼ばれ、民衆にとってもっとも危険な日のひとつとされる。そのためイリヤの目につかないように、してはならないことが多い。

たとえばこの日には仕事をしてはならない。特に畑仕事は決してしてはならず、ちょっとした仕事でも大きな罪と考えられ、イリヤの怒りを買うとされた。またイリヤの怒りを買い、自分の畑を弓で射られないようにイリヤの日の週は精進をする地域も多かった。

またイリヤの日の前夜に家を香でたきしめ、サモワールや鏡などの光るものはタオルでおおうか家から出す。それはイリヤがそうしたものをけしからぬ贅沢《ぜいたく》であり、生活には必要ないとみなすと考えていたからである。

ほかにも、悪魔が体内に隠れている可能性のある犬と猫を家の中に入れてはならない、もし入れてしまうと雷雨や雷が落ちたりするという。水浴もしてはならない。水の中にはこの日にイリヤの弓から逃げた悪魔がおり、危険とされたからである。実際にその禁忌を破って水浴をしていたところ、水の中からもじゃもじゃで黒髪の悪魔がでてきたという言い伝えもあるほどである。

逆にしなくてはならないのが教会への供え物である。この日には教会へ羊の足や蜂蜜、ビール、ライ麦の穂、豆などを持っていく。しかしそのどれがもっともイリヤが喜ぶものかは意見が分かれる。あるものは蜂蜜、あるものは羊肉を一番ふさわしいとする。お供えが終わると若者たちが歌をうたったり、踊ったりなどして儀式を終える。

「イリヤの日までは川で水浴びをするが、イリヤの日からは川とお別れだ」や「イリヤの日のお昼を食べるまでは夏、食べたあとは秋」などと言われ、イリヤの日は夏から秋へと移り変わる日とされる。民間信仰の中には過渡期や変わり目といった物事が移り変わる時間や場所は危険だというイメージがある。だが恐ろしいとも怒りの日ともされるイリヤの日も、この日さえ無事に過ぎれば待望の実りの秋、収穫の秋である。

［山田徹也］

チャイコフスキイ《四季》――夏

自然を描いた三、四、五月に対して、チャイコフスキイのピアノ小品集《四季》の夏の三つの月は自然の中に生きる人間の描写が中心となっている。畑の穀物も森の樹木も力強く成長するロシアの夏。ロシア語文法でも「歳」を数える時に一年の代表となる夏。人々はこの季節に恋をして家族を作り、畑は一年分の蓄えを恵んでくれる。

六月「舟歌」

岸に立てば　寄せる波
僕たちの足に接吻するだろう
星は神秘的な哀愁とともに
僕たちの上に光を放つだろう

A・プレッシェーエフ

6月「舟歌」冒頭

曲集中もっとも有名な作品の一つで、世界中で愛されている。西洋音楽に伝統的な舟歌というジャンルを借りて、チャイコフスキイは「北のヴェネツィア」と呼ばれる水路の多いペテルブルグの、若者たちの夜の恋を歌っている。揺れる水面の動きを表した前奏に乗って、チャイコフスキイお得意の音階旋律（ドレミファソラシドの並びがそのまま旋律になる技巧）が流麗な歌を紡ぎ出す。長調に転じる中間部では動きが増し、旋律もデュエットになって、明らかに恋人たちの喜びが表現されるが、連続アルペジョによる喜びの頂点で音楽は途切れ、悲劇的な残響が支配する。彼の後期交響曲作品のように、喜びの絶頂で情け容赦ない運命が侵入してきたのかもしれない。再現部では静寂の中をデュエットが絡み合い、天空の星の光と水面の反射だけが二人の永遠の平穏を見つめているかのように静かに終わる。

七月「草刈り人の歌」

覚悟はいいか　俺の肩よ！
振り上がれ　俺の腕よ！
顔に吹きつけろ
真昼の風よ！

A・コリツォーフ

チャイコフスキイ個人の主観が見える春の月や六月とは異なり、七月と八月は客観性が前面に押し出されていて、民衆生活のワンシーンを捉えた写実的描写になっている。七月七日のイワン・クパーラを過ぎたら、農民たちは草を刈り取り、大切な家畜の餌となる干し草作りの作業に取り掛かる。この刈り取り作業は村などの共同体単位で行う儀式のようなもので、正装をして一斉に鎌を振り上げる。日本の田植え唄にも似たゆったりとしたリズムを持つのはこのためである。右手の旋律も、暑い七月の昼下がりに畑を鳴り渡る民謡のように響き、共同作業の楽しさと労働の喜びがあふれている。

八月「穫り入れ」

人々は家ごとに
収穫の準備を
育ったライ麦を
刈り入れる支度を始めた
ライ麦の束は
山積にされ
あちこちの荷馬車は一晩中
キーキーと音楽を奏でる

A・コリツォーフ

規模は小さいがピアノ演奏の技巧としては難曲で、オーケストラ的な響きの多様さが感じられる。のんびりと干し草を刈るのとは違い、八月は熱風の中で一刻を争う収穫作業の農繁期。その温度の高さと雑多さとが多彩な音響で表現されているのだ。連打する音が多いものの、十九世紀ロシアには発動機付き脱穀機は存在しないので、あくまでアナログな農具がイメージできるよう滑らかに演奏せねばならない。著しい対照を成す中間部は「甘く、歌謡的に」と指示されきわめて抒情的である。重労働の後の夜の憩いの場面かもしれない。

［一柳富美子］

秋

九月—十一月

九月

どこまでも澄みわたる大空に鳥たちが渡りを前に大きな群れとなって飛び交う。孵《かえ》ったばかりのクモの子が新しいすみかを求めて、無数の白い糸を風に流し、空中へと旅立つ。地上では木々の黄葉がすすむ。ボダイジュの樹冠にできた黄色い点々が広がって、まだら模様になり、白樺の天辺では一束の葉が黄金色に染まる。木々は黄色に、灌木は赤くなるのがロシアの秋の常だ。雌ウサギがまた赤ちゃんを産んだ。今年最後のリストパードニキ（落葉期のウサギの子たち）だ。草はまだ花を咲かせている。二度目の花を咲かせているのは、ツバメ草と呼ばれるクサノオウだ。この花は春にツバメが飛来する時と秋に飛び去る時に咲く。目の見えない子ツバメに親ツバメがこの草の汁をつけて視力をつけるとのヨーロッパの伝承がある。

朝、草の葉の上に霜が降りていたら、秋の始まりだ。強風が樹幹を揺り動かし、かき乱し、日没後には毎夜恐ろしいばかりにざわめかす。

落葉がはじまるまで、狩猟者たちはコシギの大群をわくわくして待ちかまえる。ハンノキ林の茂みならヤマシギに出会えるかもしれない。都会人たちは、狩りは狩りでも編み籠をもって「静かな狩り」（キノコ狩り）に行くのを好む。

森ではハシバミが実（ヘーゼルナッツ）をつけた。おいしくて栄養いっぱいの実は人間だけでなく、カケスやリス、アナグマたちも大好物だ。沼地では秋のベリーの代表ツルコケモモが赤くなってきた。そして、もちろん、どこの家の庭にもリンゴが熟れて、甘い匂いを放っている。

九月は渡り鳥たちを帰り路へと駆り立てる。アマツバメはすでに飛び去った。飛び立つ順序は春とは逆だ。遅く飛来した派手な鳥や啼鳥が秋は最初に出発し、春最初に飛来したミヤマガラスやヒバリたちが最後に出立する。ある鳥たちは夜に、別の鳥たちは昼に飛び立つ。ホシムクドリは千羽以上が密に固まった群れになり、森のハトたちはもうちょっと少ない数のゆるい群れで、猛禽類、カッコウ、コマドリなどは一羽で。鳥の旅立ちはさまざまだ。

夏が戻ったような、暖かで乾燥した、晴朗な日々「女の夏」がやって来る。草原の草やライラックの返り咲きが見られ、ホシムクドリが陽気にさえずる。でも、やっぱり秋は戻って来て、落葉の時が来る。

十月

十月は落葉月。澄んだ大空から暖かな日の光が降りそそぐ。白樺とボダイジュの樹冠が黄金色に染まり、絶え間なく葉が散りしきる。セイヨウカエデは黄色く染まった大きな葉を落とし、木の下には黄色い葉っぱのぎざぎざ模様のじゅうたんが敷かれる。

暖かな晴天と悪天候が交互に訪れる。雨で濡れた細道、草原や森の小道の小さな流れ、人気《ひとけ》のない淵や沼沢地、これらすべては秋の真ん中のこの月ならではの風景だ。

中部ロシアで冬越しするために北ロシアから愛すべき口笛上手のウソが道草しながら飛んでくる。

ツグミ、ホシムクドリ、ミヤマガラスたちはまだこの地に残っている。群れをつくり、飛び去る準備は終えても、ゆっくりしている。だって、ナナカマドの実をはじめ、大好きな食事が目の前にたっぷりあるのに何を急ぐことがあるだろう。だが、突然、厳寒がやって来て、新雪が降ると、遠く飛び去ってゆく。そのころ、木々もすっかり落葉し、裸の木々が冬の接近を告げる。

十四日の聖母庇護祭（ポクロフ）は、昔からもっとも愛される祭日のひとつで広く祝われた。今年の農作業と収穫を終え、ほっと一息つける時期で、市や縁日が開かれた。「ポクロフの昼までは秋、昼食後は小冬」といい、このころ、よく初雪が降った。この日から冬の暮らしがはじまり、家畜は屋内で冬飼いに入る。野外での若者たちの輪舞は終わり、百姓小屋を借りて、娘たちの夜の集い（ポシジェールカ）がもたれる。手仕事をしたあと、若者たちがやって来て、一緒に楽しむ。結婚シーズンがはじまる。

月末にはこの秋初めて雪が地上をすっぽりおおう。はじめ水たまりに氷が張り、池が凍結する。ずっと凍結しているわけではなく、当分は割れたり、凍結したりを繰り返す。

雪の降る森の中では葉を落としたカリーナ（セイヨウカンボク）のみずみずしい赤い実が日の光にルビーのように輝いている。

十一月

十一月は冬ではなくて前冬。冬の到来と雪解け陽気が繰り返される。大地に直接届く日の光は少ない。一日に一時間、さもなければ空は一面の雲でおおい隠される。そのかわり、冷え込んで晴れ上がると太陽は燦々《さんさん》とかがやき、広々とした大地に雪がきらきらと光り、池や岸辺の小さな入江でできたばかりの氷が光を反射する。

秋が長居すると、暖かさと日の光で楽しませてくれる。アスター、ヒナギクといった花々も十一月だというのに、咲き続けている。だが厳寒と吹雪が登場するや、中央ロシアの風景は一変する。雪に埋もれた村々、白色に変わった野原と草原、氷に閉ざされた池。それも長くは続かず、雪解け陽気がやって来る。「十一月は道なしの月、雪と思うとひどいぬかるみ」というわけで、そり道ができてはこわれる。

森にベニヒワ、イスカたちが群れになって冬越しにやって来る。ここには餌の蓄えがたっぷりある。ハンノキの種とナナカマドのたわわな実は土地っ子のエゾライチョウへの大盤振る舞いの食卓だ。厳寒の日々、太陽の光はたとえ日に一時間であっても雪におおわれた広大な空間に惜しみなく降りそそぐ。シジュウカラたちは、今、人間の住まい近くに集まってきて、親切なご主人の家に餌をさがしにやって来た。在来と冬越し合わせて数十種の鳥が本物の冬をモスクワで過ごすのだ。

突然の降雪は、一気に冬のおおいをかける底力を見せ、二日の間に吹雪は雪を吹き寄せた。すると、即座にすべてが変わった！　長居していた秋の風景はどこにいったのか。すべては冬のようだ。凍てついた空気が流れる水までもとらえ、池を凍結させた。だが、寒気の襲来のあとには雪解け陽気が続くもの。おそらく、この試し着の雪からはなにひとつ残らないだろう。こうしたことがしばしば繰り返され、一度ならず雨が降り、雪のおおいがすぐに穴だらけになる。本物の冬には今すこし時間が必要だ。

〔小林清美〕

脱穀

秋蒔きの麦は柔らかく起こされた畑に蒔かれ、穫り入れが終わった畑はすっかり枯れ色の秋の風景だ。夏の激しい長時間の畑仕事は終わり、いよいよ収穫を手にする時だ。九月十四日（旧暦九月一日）のセミョーンの日は苦行修道者セミョーンにちなむのだが、ロシアでは十四世紀中ごろから一七〇〇年までこの日に新年を迎えていた節目の日だ。農耕暦ではセミョーンの日には「種（セーミャ）が穂から飛び出る」とも言い、農民に穫り入れた麦を脱穀せよと急がせている。このころから冬を目前にして束の間の秋の穏やかな日差しの日々、その名も「女の夏」と呼ばれるなごみのひとときが訪れる。女たちが陽気に輪舞をしながら歌う民謡《一週間》の農耕バージョンを聴いてみよう。十九世紀の後半にロシア各地を歩いて民俗を描写したS・V・マクシーモフが書き留めたものだ。

月曜日は、らくちんな日、一日中、ごろごろしてたけれど、
火曜日には、四十束、小麦を刈り取った。
水曜日にはもう運んできて、木曜日に脱穀をして、
金曜日に風で飛ばして、土曜日に秤にかけて、
日曜日には売っちゃった。儲けのお金をもらったわ。

確かに事の運びはこの歌の通り、麦刈りが終わると、麦束を運び、麦穂から麦粒を打って落とし、麦粒だけをきれいに集め、全体の収穫量を見計らって、一部は市場に持っていって売る。大仕事を前に笑い飛ばして歌うのは小気味よいが、実はどれもなかなか骨が折れ、手はマメだらけ、一週間で済むわけもない。だが、皆で収穫を手にするまではもうひと頑張りだ。その様子もマクシーモフの記述から見てみよう。

穀物は畑で穂についたまま刈り取って束ねられている。そこから最終的に穀粒だけを集めるのが脱穀だ。ソバやキビは刈り取られるとすぐに粒を落とし始めるから、なるべく畑から運び出さない。収穫した畑の中で平らな場所を選び、土俵作りのようにしっかり地固めして、そこで打穀棒で叩いて粒をとる。この打穀用の場所は「手のひら」と呼ばれている。一方、麦のための「手のひら」は村の中の脱穀場に作られる。畑から麦束を荷車で運んできて、「手のひら」の脇に山積みにし、打穀の準備をする。農耕暦はこの積み上げを麦山の日（九月十日）までに終えよという。

南の地方では麦は畑で実りきって乾いているから、刈り取って運び込んであればすぐに打穀に取り掛かれるが、中部から北部では太陽の力が早く弱まってしまい、麦は熟しきれていない。そこで脱穀前に火力で追加の乾燥をする。麦粒はその乾燥の間に完全に熟して固くなる。そのための建物が火力乾燥小屋オヴィンだ。オヴィンの炉に火を入れるころを知らせるのが農耕暦のフョークラの日（十月七日）で、「空焼けの日」とも呼ぶ。「日が馬の駆け足で短くなる」ころで暗くなるのも早い。麦束をオヴィンに運んで棚に広げる者、火加減をみる者、オヴィンから運び出して打穀する者と、手分けして仕事に取り掛かる。脱穀もまた、段取りと人手のいる村の大仕事だ。麦束に火が付いて、飛び火すれば大火事を起こしかねず、気が抜けない。実際、村全体を焼いてしまうような大火事がたびたび起きたという。オヴィンをより安全なものに改良して、打穀場も備えた、つまりオヴィンと「手のひら」を一つ屋根の下に収めた大きい納屋を建てるところもあった。一八二三年にA・G・ヴェネツィアーノフが描いた《打穀場》は荷馬車まで馬ごと入る大きな屋内の作業場で、一仕事終えたばかりの農民たちがくつろいでいて、中央に打穀してできた穀粒の小山が労働の成果として光を浴びている。

A. G. ヴェネツィアーノフ《打穀場》(1823)

しかし一般的には打穀場、つまり「手のひら」はオヴィンの近くの屋外にあり、晴天の乾燥した空気の中で脱穀する。「手のひら」に麦束を穂の方を内側にして向かい合わせに二列に広げ、打穀棒で両側から穂先をリズムよくたたいていく。打穀棒は長い柄に短い打穀部を自由に動くように留めた農具で、熟練した農夫は一分に三十七回ほど振り下ろすそうだ。十時間なら二万回にもなる。麦粒が穂から外れたら、藁を集め、下にたまった麦粒を細かく砕けた藁くずやもみ殻、雑草ごと熊手でかき集めて麦粒まじりの小山を作る。そこから麦粒だけをきれいに集めるために風の力、つまり空気抵抗をうまく使って、「風選」という作業をする。まず、麦粒の山からスコップでひとすくいとって弧を描くように放り上げる。すると軽いものは空中を遠くまで飛ばされ、よく実った重い麦ほど山の近くに落ちてたまり、麦が重さで大まかに分けられる。それをふるいにかけてごみを落とし、さらに箕《み》に載せて両手でぽんぽんと跳ねさせ軽いくずを飛ばす。この時、よい主人は細かい屑や遠くに飛んだ藁も無駄にしないで、ふるいにかける。雑草の種交じりの一番軽い麦は家畜の良い餌にまわす。そして一番重い麦から来年の種を取り分ける。種と言えば、農民たちは自分のところの種だけを繰り返し毎年使っていると、やがて種は生む力を失うと考えていたから、翌春の種蒔きまでには、市場で買ったり、近隣からわけてもらったり、交換したものを混ぜたりするようにした。

さて作柄はどうだったのだろうか。農民たちがよく使ったのは蒔いた種の何倍穫れたかという収穫率だ。収穫量の単位は地方によってまちまちで、麦藁ごとオヴィンに入れた回数から一オヴィン、二オヴィンと数えるところもあれば、運び出しの荷車の延べ台数で表すことも、麦束の数、麦山の数で言うこともあり、単純に比較はできない。それに比べ、蒔いた一粒が最終的に幾粒に増えたかという数字はわかりやすいし、実感がこもる。たとえば、ある百姓が「いやはや今年は穫れなかった、四倍にしかならなかったな」と言う。これは十九世紀後半のことだが、四倍なら中部以北のロシアではまあまあの出来だった。同じ土地でも経営熱心な地主貴族、いわゆる旦那様（バーリン）の領地

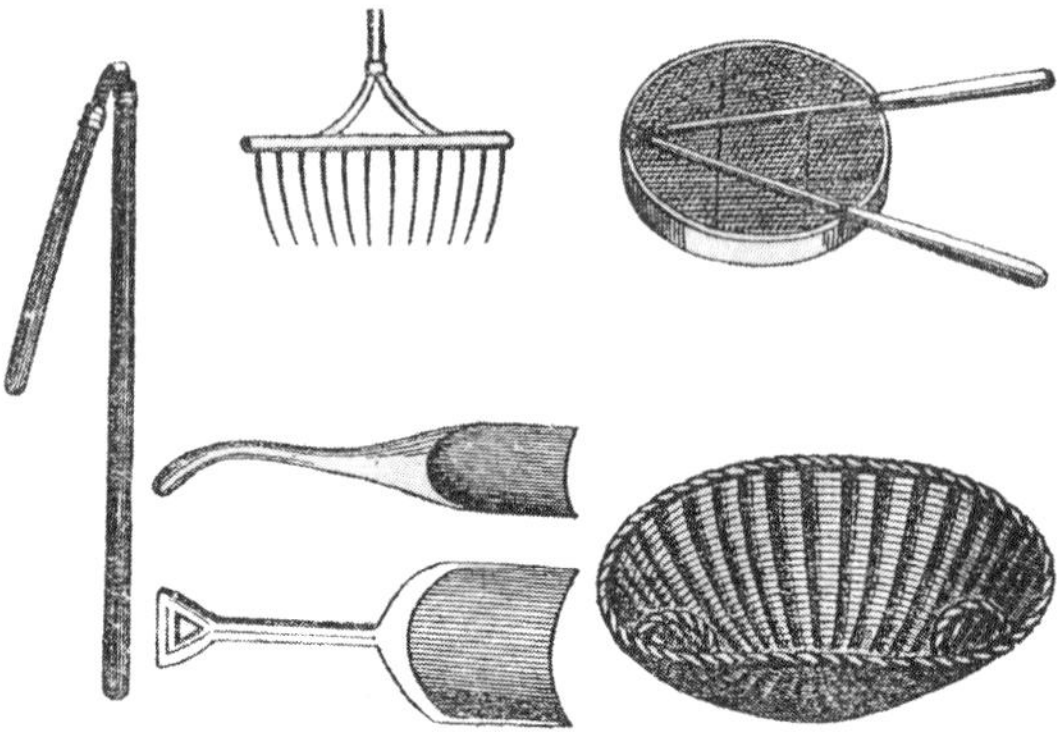

脱穀農具。左上から時計回りに、打穀棒、熊手、ふるい、箕、スコップ（マクシーモフ『穀物袋とその往来』(1982)より）

では五倍か六倍になった。計画的に人手を集めて耕作できるし、特に決め手となる肥料やりがうまくいくからだ。一方、土地の肥えた南ロシアの黒土地帯では十倍以上は当たり前、十五倍というところもあった。もちろんどこでも日照、雨量、虫害などその時々の自然条件に左右されるから、結局、ことわざにいうように「収穫は年ごとのもの」「神様が与えたものが、家の穀物置き場にあるもの」と、農民は現実を受け入れる。

新麦で焼いたパンを味わうのは一家のお祝いだ。手をきれいに洗って、きちんとテーブルにつき、新しいパンを厳かに切り分け、お祈りしてから一切れずつ味わった。こうして畑で育った穀物は、粒のまま、あるいは粉にして、粥、パン、ピローグやブリヌイといったさまざまな料理になり、また、ビールやクワスに醸される。皆の寝床も新しい藁に替え、聖母庇護祭（十月十四日）からは家畜たちも屋内の冬飼いになり、農民たちも農作業から解放されて冬の暮らしに移っていく。　［石川あい子］

オヴィン

ロシア農村には住人が寝起きする母屋以外にも家畜小屋や蒸風呂小屋、納屋などが建てられたが、なかでも秋に活躍するのがオヴィンと呼ばれる火を使った穀物乾燥小屋である。
　このオヴィンは穴を掘って作られた地階と一階の二つの階層からなり、地階では火がたかれ、一階では格子状の木組みの棚に穀物を置いて乾燥させるという仕組みである。収穫に関係する建物だからであろう。ブロークの詩「秋の日」（一九〇九）にも秋を感じさせる情景の一部として登場している。

秋の日は高く、静か
ただ聞こえるのはワタリガラスが
静かに仲間たちを呼ぶ
老婆の咳のような声のみ

オヴィンの煙がひくくたなびき

北ロシアのオヴィン（手前）（『北ロシア』（2004）より）

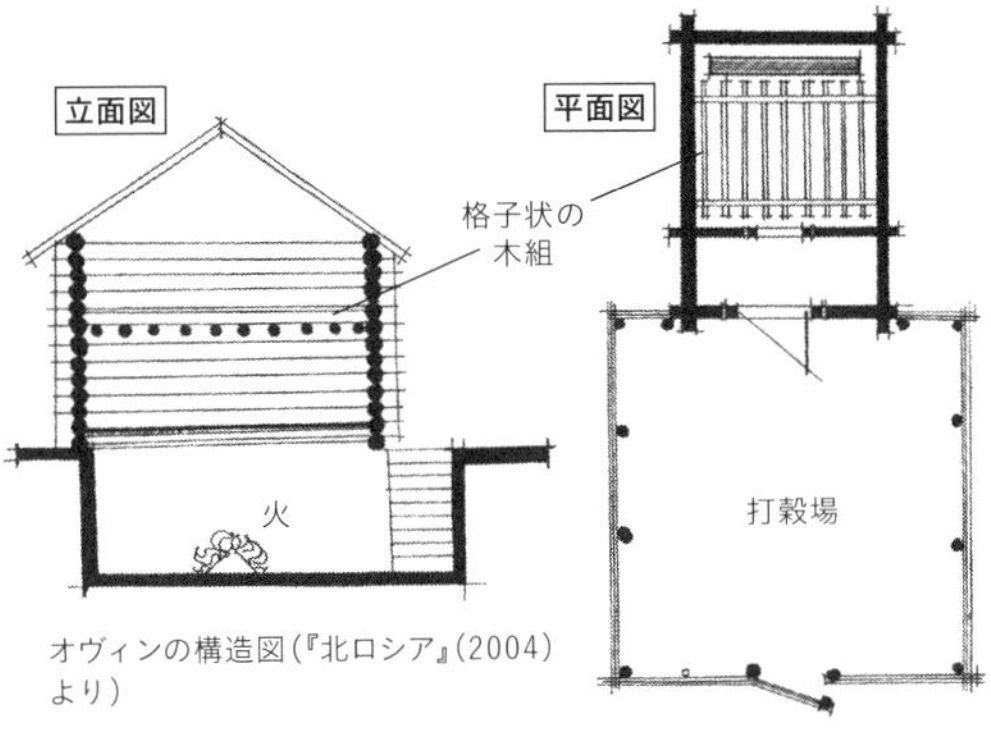

オヴィンの構造図（『北ロシア』(2004)より）

小屋の周りに長いこと漂っていた
私たちはじっと目で追っていた
ツルが空を飛んでいく姿を

またオヴィンには「名の日」と呼ばれる特別な日がある。まずオヴィンの名の日として知られているのが「空焼けの日」とも呼ばれる聖フォークラ・イコニースカヤの日、すなわち十月七日である。この日の夕方、木をこすっておこした「生きた火」によってオヴィンに火入れがなされ、建物の周囲には脱穀のために人々が集い、歌をうたって夜を過ごす。そして朝になると脱穀がはじまる。またオヴィンの一階に麦を干す際には、オヴィンに住むとされる妖怪オヴィンニクに脱穀作業が無事終わるように「オヴィンの主《ぬし》よ、脱穀を手伝っておくれ」などと祈りが捧げられた。

ほかに、この日までに麦の収穫を終わらせることが望ましいとされた十月十四日（旧暦十月一日）の聖母庇護祭がオヴィンの名の日とされることもある。脱穀作業の終わりにはオヴィンニクに感謝し、「オヴィンの主よ、働きぶりと誠実さに感謝します」などと祈った。またこの祭日の前夜には未婚の娘がオヴィンにいき、未来の夫がどのようなひとか、どんな結婚をするのかオヴィンニクに尋ねる占いをしたり、あるいは邪視から身をまもるために、藁で作った寝具を燃やすなどした。

　日本では火を使った穀物の乾燥は比較的最近行われるようになったもので、明治時代にはじまった。だがロシアのオヴィンはかなり古くから使われていたようで、十三世紀末の『ウラジーミルの教会法規』には祈りを捧げてはならない場所としてライ麦畑の中と水辺のほか、オヴィンの地階があげられている。

　この記述は、オヴィンが長い歴史を持つだけではなく、異教の、特に火を信仰する儀礼の場であったことをうかがわせる。異教信仰は時代の流れとともにほとんど消えてしまったが、そのなごりともいえるのがオヴィンの名の日の儀礼であり、オヴィンニクなのであろう。

［山田徹也］

ペーチ

短い夏が一気に駆け抜けて九月にもなると、朝晩はペーチをたかずにはいられない。ついこの前までは、パンを焼くためにペーチをたくと暑くて部屋にいられないほどだったのに、今では少したいて火を落としたペーチの温もりを求めて、みんなが居間に集まってくる。

ロシアの木造家屋で見られる「ペーチ」を一言で訳すのは難しい。「暖炉」であると同時に炊事をする「かまど」でもあり、火はレンガと粘土の厚い壁の中にあってのぞき込まないと見えない。大きさや形にヴァリエーションはあるが、ざっくり言うなら外見は白い直方体、長さ約二メートル、幅と高さがそれぞれ約一・七メートルほどもある巨体である。北原白秋作詞の歌「雪の降る夜は楽しいペチカ……」で知られる「ペチカ」はこのペーチに小ささや愛情といったニュアンスを加えた呼び方で、実際に小さいサイズのペーチを指すこともあれば、大きなペーチを愛情をこめてこう呼ぶこともある。

イズバー（2015年、アルハンゲリスク州上トイマ地区。撮影：中堀正洋）

ペーチについて話すには、まずロシアの伝統的な住居「イズバー」について話さなければならない。厳しい寒さに耐えるため冬を旨として建てられているイズバーの、ペーチはいわば心臓だからだ。家族はペーチのある居間

「美しい隅」（2015年、アルハンゲリスクの博物館。撮影：中堀正洋）

で一年を通して暮らし、ペーチのない部屋は「夏部屋」と呼ばれて、冬の間は倉庫か空き部屋になる。イズバーの造りや大きさは、地方により時代により、また住人の家族構成や経済状態によっても違うが、どこでもほぼ共通しているのは、玄関を入ってから居間に入るまでに少なくとも一つは分厚いドアがあること、居間のドアをあけるとすぐ右か左にペーチがでんと鎮座し、その対角線上、つまりペーチから一番離れた角にイコン（聖像画）を掲げた「美しい隅」があることだろう。古い家では美しい隅から両壁沿いに作り付けのベンチが伸び、このベンチに座って囲めるようにテーブルを置いた。一番の上座はイコンの下だ。現代では、美しい隅にはテレビなどを置き、テーブルは少し離して正面の窓際に配置することも多い。窓はだいたい南に面し、光を採りこむと同時に外界との接点でもある。外の通りを誰が歩いているのか、自分の家へ誰が来るのか一目瞭然だし、逆に窓際に座っている人の姿は通りからもよく見える。

ペーチに話を戻そう。入口の脇から向こうへと横たわる直方体の、一番奥の面がペーチのたき口である。たき口は主婦の腰の高さ、床から一メートルほどの位置に空けられたかまぼこ型の穴だが、この穴はペーチのずっと奥まで伸びていて、薪を積んで火をたくのはその最深部だ。パン生地もスープの壺もフライパンも、火より手前に置いて加熱する。たき口より下は土台で、ここにはたき口と平行に奥行のある穴が掘られることもあり、ペーチにものを出し入れする長いヘラや壺つかみ、薪や炭を入れる。冬の間ここに鶏のいる檻を置く家もある。ペーチ周りは台所で、毎日使う調理器具や汲んできた水を置き、床下収納にも通じている。台所は居間の一角ということになるが、板壁を設けたり大きな食器棚を置いたりして居間と台所の間仕切りにしている家も多い。

ペーチをたく時は、薪を長いヘラに載せてたき口に差し入れ、一番奥に積みあげて火をつける。煙は手前に向かって進んでくるが、入口付近で上へ向きを変えて煙突の中へ吸い込まれていく。煙突は天井を突き抜けて、二階建てなら二階の部屋を柱のように貫通し、屋根から外へと煙を送り出す。この時ペーチで温められた空気も逃げていってしまうが、しばらくして煙が出なくなったら煙突の途中に仕切りの鉄板を差し込んで煙突を閉めればよい。筆者が聞いた話では、クリスマスの門付けで子どもたちにお菓子をくれない家があると、悪童たちは夜中にその家の屋根に上がり、川から切り出した氷で煙突にふたをしてしまったそうだ。翌朝、家の住人がペーチをたいたら、煙がどっと逆流してきて部屋に充満しただろう。ゲホゲホ咳き込みながら飛び出してくる住人の姿が目に見えるようだ。もっともふたに使った氷はしばらくすれば解けるから、深刻な被害が出るわけではない。

このように煙突はペーチに不可欠に見えるのだが、実は十八世紀以前の農家にはそもそも煙突がなく、煙は窓や入口、

ペーチ（1996年、アルハンゲリスク州上トイマ地区。撮影：筆者）

壁の上部の小窓などから逃がされていた。こうした家は、壁や天井が煤で真っ黒になるため「黒屋」とか「煙屋」と呼ばれたが、二十世紀に入るとほぼ姿を消した。

寒いロシアにペーチが適しているのは、火をたいている時間が短くても、ペーチの巨体が何時間もその熱をたくわえているためだ。ペーチのあちこちには穴やへこみが作られていて、濡れた靴下や下着などをこのへこみに入れておくといつの間にか乾いてしまう。またペーチの上部は平たくてセミダブルベッドぐらいの大きさがあるから、各種自家製飲料をここで発酵させたり、採ってきたキノコを広げて干したりできる。もちろんポカポカのベッドでもある。筆者は、夏の終わりの冷え込んだ晩に、火を落としたペーチの上で一晩過ごしたことがあるが、朝まで暑くて汗ばむほどだった。真冬なら極上の温かいベッドになることは間違いない。

だからペーチの上は、年寄りのための寝床であり、安楽の象徴ともなった。ロシア昔話の主人公たる末っ子のお馬鹿さんは、物語の冒頭ではたいていここに寝転がっている。昔話だけではない。筆者が聞いた戦後の陽気な俗謡でも、女の子が自分を振った男子のことを「こんなゴキブリ／ペチカの上でも捕まるわ」と言っていたから、ペーチでゴロゴロしながら虫を取るくらい楽ちん、という表現は二十世紀まで伝わっていたことがわかる。

さて、ロシア・フォークロアでも一、二を争うぐうたらが、「かますの命令で」の主人公エメーリャ（アファナーシエフの昔話集なら一六五番）だ。彼は、助けたかますが教えてくれた呪文のおかげで何でも思い通りになる。王様に呼ばれてもペーチから降りて出かけるのが面倒で、「かますの命令で、俺の許しで、ペーチよ、まっすぐ町へ行け！」と呪文を唱える。するとペーチは動き出し、イズバーがバキバキ音を立て、ペーチはエメーリャを乗せて家を飛び出した。どっしりしたペーチが、家の壁を突き破り、どっかんどっかんと走っていくところが何ともおもしろい、人気のある話である。

この昔話のエメーリャは、二人の兄とその嫁たちと暮らしており、一つのペーチを皆で共有しているようだが、実際の農村では、ゆとりのある家では夫婦ごとに居間を持ち、別々のペーチを使うこともあったらしい。二世帯、三世帯同居である。小姑間の争いを避けるためには台所を分けるのはよい方法だっただろう。一般的に家が非常に大きい北ロシアでは、一つの建物の中にペーチのある部屋を複数作ることで大所帯に対応した。一方、敷地内に母屋、家畜小屋、物置、蒸風呂小屋……と建物を分ける中部および南部ロシアでは、敷地内に世帯ごとにイズバーを建てることもあった。

北方のイズバーが二階建てで大きいのにはもう一つ訳がある。道に面した日当たりのよい側には窓を多く配して人が暮らすが、奥の半分は家畜用のスペースなのである。一階では牛や馬や豚や山羊が飼われ、その頭上の二階に干し草が貯蔵される。干し草は、夏の間に馬が荷馬車を曳いてスロープを上がり、直接運び込んだものだ。二階の床には穴があけてあり、そこから一階へ冬中干し草を落としてやる。母屋に家畜小屋や作業場、倉庫までくっついているので大変便利だが、火を使う蒸風呂小屋と乾燥小屋（オヴィン）だけは常に母屋から離して建設した。

地方によっては蒸風呂小屋を建てず、蒸気浴さえペーチで済ませてしまうところもあった。火を落としたあとのペーチに藁を敷き、足からそろそろとたき口に入る。体が完全に中に入ったらたき口のふたを外から閉めてもらい、中の人は藁を水につけてかまぼこ型の穴の天井に振りかけて、出る蒸気を浴びるのである。ペーチで十分蒸された後は玄関や外で行水をした。実は筆者もある時水着でペーチにもぐりこんでみたが、中は暑いことは暑いものの狭すぎて水を振りかけるどころではなく、おまけに窯の壁や天井の煤がついて体が黒くなってしまった。どうやら蒸気浴をするようなペーチは少し大きめに作っておくものらしい。

かくも多様な機能をもつペーチは、家の中心であり、ドモヴォイ（家の妖怪）がその下や陰にいるとも言われている。だが同時に台所の一部であり美しい隅から離れているペーチは、居間の中の「下座」でもあった。お客さんが来たり婚礼があったりすると、主賓たちは美しい隅の下に置かれたテーブルにつく。主婦は台所で立ち働いている。ペーチの上に登ったりその陰からのぞいたり、ペーチの側面に作られた台に身を寄せ合って座ったりしているのは、招待客ではない近所の人々、子どもたち、行きずりの人、そして出番を待つ芸人たちだ。ロシアの歌物語のひとつ《ドブルィニャとアリョーシャ》でも、勇士ドブルィニャが自分の妻の婚礼に芸人姿で紛れ込み、そっと控えていたのはペーチの陰だった。ペーチは家の心臓でありながら、明るい居間の上座に対して舞台裏や天井桟敷の役割も担っていたのである。

［熊野谷葉子］

亜麻と機織り

亜麻はフラックスと呼ばれる成長の早い一年草で、涼しい気候の中で育つ。その繊維を紡いだ糸で織った布がリネンであり、昔からヨーロッパをはじめとして世界中で大切にされてきた。衣類や下着、シーツ、タオル、テーブル掛けなど生活に欠かせないものを作るのに良質のリネンが好まれた。とりわけ綿花の採れない北部ロシアで、毛皮や毛織物と並んでロシア人の主要な衣生活をまかなっていたのがこの亜麻織物である。ロシア語では植物名も繊維も織られた布もリョンと呼ばれている。

亜麻の仕事は一年がかりだ。そしてそれは農作業の合間を見て女たちがやる仕事であった。種を蒔いてから収穫し、糸を紡いで、布を織るまでの作業は女たちの手にかかっていた。種蒔きから収穫までは春から夏、収穫した亜麻を処理して繊維を取りだし、糸を紡ぎ、その糸から布を織るのは秋から冬の仕事だ。そんな亜麻仕事の一年のサイクルを追ってみよう。

春、雪が解けて暖かくなったら畑に亜麻の種を蒔く。「カッコウが鳴きはじめ、ナナカマドが咲きはじめ、オークの葉があらかた開いたら、亜麻を蒔く時」と言われている。芽が出て薄緑の茎が伸びてくるころにはすっかり暖かくなり、急な寒さにおびえることも少なくなる。そんなころにはさまざまな雑草が出てくるので草取りをしなければならない。六月末から七月の夏の激しい労働が続く時期、勢いよく伸びてくる雑草から亜麻を守るために農作業の合間を見て草取りをするのは楽ではない。亜麻の青い花が畑一面に咲くのはそのころだ。

莢《さや》が熟してくるころ亜麻を収穫する。遅くとも聖母就寝祭（八月二十八日）までに行うことになっている。遅くなればそれだけ後の作業が遅れる。根っこから引き抜いた亜麻は束にして頭と根の部分の二カ所を結び、畑の上に立てて並べて乾燥させる。雨が降って湿気を含んだ亜麻はしっかり乾燥させると熟成が進む。莢から種を取るためには十分に乾燥させなければならない。

畑で乾燥させた亜麻束は乾燥小屋（オヴィン）に運ばれる。そして乾燥小屋の炉をたいてさらに一晩乾燥させたあと、木槌で叩いて種を取る。取った種は翌年のために保存するほかに、亜麻仁《あまに》油をとるために使われる。亜麻の種を搾って作る亜麻仁油は精進期の食事には欠かせないものであった。また多くの教会や礼拝堂を抱えるロシアでは、イコン（聖像画）を描くためのボイル油の材料としても亜麻の油が使われた。そして油を搾ったあとの搾りかすも家畜の飼料として無駄なく利用された。

種を取った後の亜麻は、イリヤの日（八月二日）ごろから、草刈りの終わった草地に薄く広げて野干しをする。亜麻を草地に寝かせるのだ。夜露が下りるようになって、暖かさと寒さが、乾燥と湿潤が交互に入れ替わることによって、褐色の亜麻は灰色がかった鋼色を帯びてきて、硬い茎が砕けやすく、繊維がはがれやすくなる。十分に寝かせた亜麻は縄で縛って納屋に運んで乾燥小屋で最終的に乾燥させる。

乾いた茎は楽に崩れるようになり亜麻もみに適している。灰色の柔らかい繊維を取り出すために手で二、三回折り曲げて硬い木質部を取り除くのだ。それを今度は亜麻打ち棒で叩く。亜麻打ちという作業だ。亜麻打ち棒は自分専用のものを持っている女もいた。特別に注文して作ってもらったり、形見として譲られたりもした。男にとっての斧のようなものと言う者もいる。また、亜麻打ち機を使って繊維を押し付け柔らかくすることもある。

亜麻打ちが終わったら、亜麻梳《す》きという作業が待っている。亜麻の繊維は梳く過程で三つに分類される。最初は大きな鉄のブラシを使って繊維の束を梳いていく。そこで出てきた梳き屑は固いものが混じっているため、もっとも品質の劣る繊維とされる。次に豚の剛毛で作られたもう少し細かいブラシで梳く。その時出てきた梳き屑は中程度の品質の繊維とされる。そして最後に残ったものがもっとも良質の亜麻の繊維である。分類された亜麻の繊維を別々の塊に分けると糸を紡ぐための準備が整う。

ロシアの伝統的な糸紡ぎはプリャルカと呼ばれる紡ぎ板と紡錘《つむ》を使って行われる手仕事だった。プリャルカは繊維の塊を固定する縦板を横板に直角に立てたものである。紡ぎ手は横板に腰を下ろし、左手で板に取り付けられた繊維の塊から糸にするための繊維を引っ張り出し、同時に右手で紡錘を回転させて繊維を撚《よ》って糸を作っていく。糸がある程度の長さになったら、いったん左手に巻き取って、それを紡錘に巻き替える。そうしてまた、繊維を引っ張り出しては撚っていく。

プリャルカ(『ロシアの伝統生活百科事典』(2003)より)

糸紡ぎは長く続く骨の折れる仕事だった。とりわけクリスマス前の精進期から冬の終わりのマースレニツァにかけての農閑期には、家中の女たちが時間を見つけて糸を紡いだ。仕事が少しでも楽しくなるようにプリャルカにはさまざまな装飾が施された。彫り模様がなされ、テンペラ絵具で絵が描かれたプリャルカは、労働の中から生まれた工芸品である。

日本でもよく知られているロシア民謡《一週間》の歌詞に

は糸紡ぎのことが出てくる。日曜日に市場へ出かけて亜麻の繊維と紡錘を買ってきた。月曜日は蒸風呂を立て、火曜日は風呂に入った。水曜日は恋人に会い、木曜日は恋人を見送った。金曜日は糸巻きもせず、土曜日は両親の追善供養でおしゃべりしていた。こんな内容である。せっかく買ってきた亜麻の繊維を糸に紡ぐこともせず一週間を遊び暮らしたという不思議な内容だ。軽快なテンポで歌われるこの歌は怠け者の嫁を姑が揶揄《やゆ》したものとする見方がある。あるいはまた、亜麻を育てる苦労もせず、繊維を市場で買ってきたものの糸紡ぎもせず、お風呂に入ったり、恋人と会ったり、ご馳走を食べておしゃべりをして過ごしたという、現実にはない夢のような生活を歌っているのかもしれない。ただし、金曜日は糸紡ぎや機織りなど女たちの家内労働の守り手とされていた聖女パラスケーヴァ・ピャートニツァの日なので、この日はそれらの仕事をしないことになっていたのであるが。

糸は少女から老婆に至るまでほとんどの女たちが紡いだが、機織りとなるとそう簡単ではなかった。機織りの複雑な技術は高度な熟練を必要とした。娘たちは十歳ごろになると、機織りの技術を覚え始める。そしてお嫁に行くまでに良い織り手になろうとした。機織りの仕事はだいたい復活祭前の大斎のころから春の種蒔き作業が始まる前までの時期に行われたが、秋にも行われることがあった。外から強い光が差してくる三月ごろになると、農家の二階に機織り機を据え付け、機織りが始まる。細かい作業なので日中に行われた。

まず紡錘に巻かれた糸を巻き取り機で縦糸用と横糸用の二つの束にする。それから整経台《せいけいだい》を使って縦糸の準備をする。織り上がった布の大きさは縦糸の本数と長さによって決まるので、糸を縦糸の長さに揃える整経という作業は大切な仕事だ。整経台に縦糸の長さに合わせてビスを打ち込み、そこに

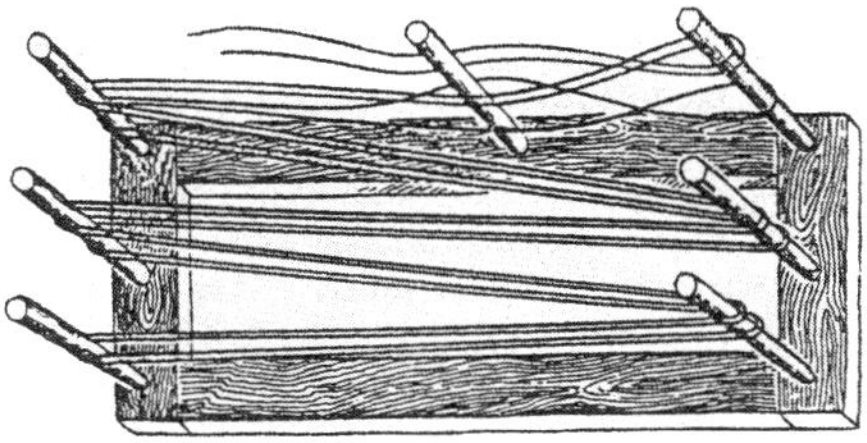

木枠にビスを打ち込んだ整経台（『ロシアの伝統生活百科事典』（2003）より）

糸をもつれないように巻き付けていく。あるいは回転式の整経機を用いることもあった。

整経が終わった縦糸は織り機の奥側の横棒に結び付け、均等な張力になるように調整しながら巻き付けていく。そして最後までできたら、縦糸のもう一方の端を綜絖《そうこう》と筬《おさ》に通して、織り手側の横棒に結び付ける。綜絖は二つの足踏みペダルとつながっている二枚の細い板からなり、一方のペダルを踏むと糸が一本置きに上にあがり、残った糸との間に横糸の通るための隙間を作る装置である。交互にペダルを踏むと縦糸が一本置きに上下に動き、上糸と下糸の間が開く。そこに横糸を巻いた杼《ひ》を右から左へ、左から右へと走らせる。この時筬は、横糸が緩まないように揃えたり縦糸の位置を整えたりする、櫛のような働きをする。この作業を繰り返すことによって布が織られていく。

織りあがった布はきれいな灰汁《あく》に浸けたあと、雪の上に広げて晒《さら》すと、灰白色の布が美しい銀色を帯びてくる。娘たちは婚礼までにできるだけたくさんの布を織った。時には複雑な模様織りの布を織る技術を持った者たちもいた。そのような布はよく婚礼の贈り物に使われた。

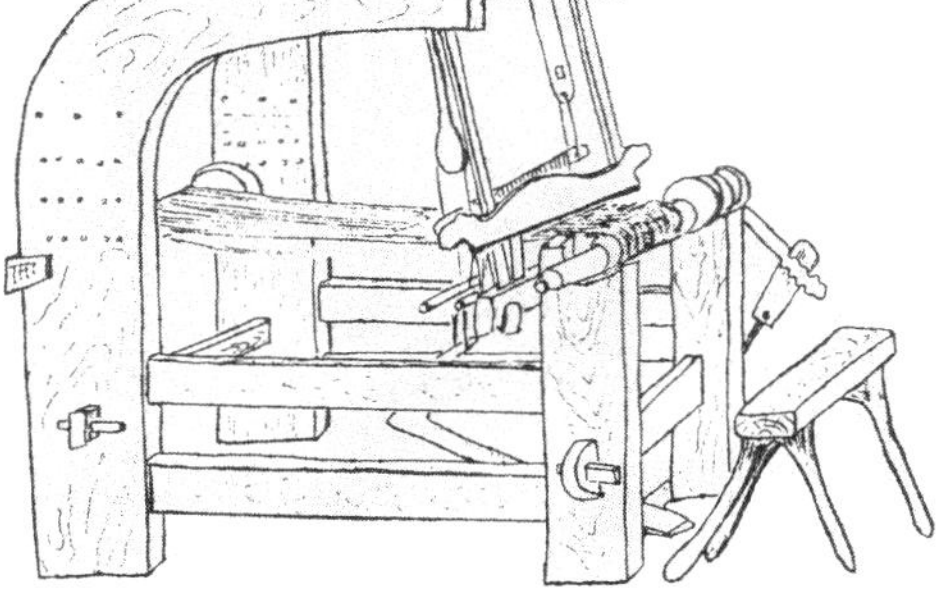

機織り機（『ロシアの伝統生活百科事典』（2003）より）

機織りはロシアの昔話にも登場する。たとえばロシア昔話の収集家アファナーシエフが集めた昔話の中に、「うるわしのワシリーサ」という話がある。美しい娘ワシリーサが自分を泊めてくれたお礼に老婆のために布を織るのである。ワシリーサは老婆が買ってきた亜麻の繊維で糸を紡ぐ。脇目もふらずに働き、髪の毛のように細い滑らかな糸を紡いだ。それから布を織ろうとするのだけれど、その糸に合う筬と杼が見つからない。そこでワシリーサはいつも自分を守ってくれる人形に頼んで、古い筬と杼と馬のたて髪で立派な道具を作ってもらう。ワシリーサは冬の間にとても薄い布を織り、春になるとそれを晒してきれいにする。老婆はその布を王様への贈り物にと宮殿へ持っていく。布がたいそう気に入った王様はワシリーサにそれで肌着を縫うように命じる。そしてワシリーサは王様の妃となる。糸紡ぎと機織りの素晴らしい腕を持った賢く美しいワシリーサはロシア昔話を彩る重要な登場人物の一人である。

［青木明子］

手仕事と遊びの集い

収穫期の過酷な労働が終わると、農閑期がやって来る。寒い冬もすぐそこだが、農村の若者たちにとっては男女の関係がぐっと近くなる、楽しい季節の始まりだ。その舞台となるのは、秋から冬にかけて毎日のように続く夜の集まりだった。地域によって呼び名は違うが、これらの集まりは「ヴェーチェルカ」「ベセートカ」「ポシジェールカ」などと呼ばれている。「ヴェーチェル」は晩、「ベセートカ」はおしゃべりを意味する。「ポシジェールカ」は「座る（シジェーチ）」という動詞から派生した言葉なので、言うならば「座会」という意味である。

秋・冬の若者の集いの時期には地域差があるが、十月十四日（旧暦十月一日）の聖母庇護祭、または十一月十四日（旧暦十一月一日）のクジマとデミヤンの日から始まり、冬の終わりにあたるマースレニツァ（二月初旬～三月中旬）まで続くことが多い。

基本的に若者の集いは二つのタイプに分けられる。一つは娘たちが紡ぎ仕事や縫い仕事、編み物を持って集まる「手仕事の集い」、もう一つは青年たちも加わって楽しい時を過ごす「遊びの集い」である。手仕事の集いはおもに平日に、遊びの集いは祭日などに行われた。ただ、この二つの集いは明確に分けられてはおらず、娘たちが手仕事をしているところに青年たちがやって来て、遊びが始まることもあった。ある一定の期間、特にスヴャートキには手仕事をせず、もっぱら娯楽を行った。

手仕事の集いがどのように組織されていたのか、十九世紀末の北ロシアの一村落（ヴォログダ県ジエルノコヴォ村）の例で見てみよう。この地域では十一月十四日からポシジェールカが始まる。参加できるのはおもに結婚適齢期の者たちだ。この村では参加年齢は十七歳以上とされていたが、近隣の別の村では、娘なら十六歳から二十二歳まで、青年なら十八歳から二十八歳まで参加可能とされていた。この範囲内の年齢であっても、結婚すると若者の集いには来なくなるのが普通であったし、逆に未婚であっても、年齢が上がると参加しづらくなるのであった。

みんなで集まる場所を確保するのは、娘たちの役割である。娘たちはそれぞれの家で順番に一週間ずつ会を開いたり、一人暮らしの寡婦の家を借りたりした。集いは晩から始まるので照明も用意する必要がある。時代が下ると灯油ランプが用いられるようになっていくが、以前は木切れに火をつけて照明として用いていた。こうした照明の燃料や費用を青年たちが持ってくることもあったが、娘たちが自分たちで用意することが多かった。

さてジェルノコヴォ村でも、娘たちはさまざまな手仕事を持って集まってきた。この地方は亜麻の栽培が盛んで、娘たちは自分専用の紡ぎ板を持ってきて亜麻糸などを紡いだ。紡ぎ板は二枚の薄板をL字形に打ち付けた形をしていて、短い方の板の上に紡ぎ手が座って固定する。上を向いている方の板の上部は亜麻や羊毛を引っ掛けられるようになっていて、そこから糸を撚り出していく。板にはその地方独特の模様が描かれたり彫ら

手仕事の集い（I. S. クリコフ《紡ぎ手たち》（1903）より）

れたりしている。紡ぎ板は父親が作ってくれることもあれば、市《いち》で購入することもあった。恋人になった青年が作ってプレゼントしてくれることもあったという。

このほかの大事な手仕事としては、刺繍がある。娘たちは晴れ着や麻の手ぬぐいにせっせと刺繍を施した。こうして刺繍された衣装を娘たちは祭日に着用するので、どの娘が手仕事上手かが世間に知れわたり、その評価が彼女たちの結婚に影響した。農村では手仕事上手であることが、理想的な花嫁とみなされる条件の一つであった。手仕事の集いで用意されるものの中には、近い将来に控えているはずの自分たちの婚礼の日までに彼女たちがそろえなければならない品々、すなわち、婚礼衣装やテーブルクロスなどの嫁入り道具、そして花婿側や花嫁側の客たちへの贈り物となる手ぬぐいなどが含まれていた。

娘たちだけで手仕事をしている時は作業優先なので（母親も娘の作業が進んでいるかチェックしていた）、娘たちは長く引き伸ばしたゆっくりとした歌をうたうくらいだ。だがその場に青年たちがやって来ると、娘たちは仕事の手を休め、青年たちとさまざまな遊びを楽しんだ。娘たちの集いを訪ねることができるのは、普通は同じ村の青年たちだけである。祭日、特にスヴャートキなどの特別な時期には、隣村の青年たちがやって来ることもあったが、娘たちと同じ村の青年たちの許可がなければ、「よそ者」たちは集いに加わることができない。またよそ者はたいていその村の青年たちに、入場料代わりに酒などを贈らねばならなかった。もっとも、ジェルノコヴォ村の娘たちは「うち」の青年たちには飽きていて、他村の青年たちの到来を待ちわびて時々家の外まで見にいったりしていたらしい。

集いにやって来た若者たちは歌ったり踊ったりした。十九世紀末から二十世紀初頭には農村でもアコーディオンが広まって、アコーディオン奏者の青年は娘たちにたいそうもてた。歌や音楽も都会の流行がどんどんと取り入れられていったが、なかでもこの時期に人気が出たのが「チャストゥーシカ」と呼ばれる韻を踏んだ四行詩だった。夜の集まりなので、怪談話や占いも定番の「遊び」であった。

このほかにも若者の集いではさまざまなゲームが行われたのだが、その多くは青年と娘のパートナー選びを目的としたものであり、しばしばキスを伴うものであった。たとえばロシアの多くの地域で知られていたホロヴォード遊び(日本のカゴメカゴメのように輪になって歌ったり踊ったりする遊び)に、「兎」というものがある。歌詞にはさまざまなヴァリエーションがあるが、その中の一つに、娘たちの輪の中に立った一人の青年＝兎が、歌に合わせて金持ちの舅、やさしい姑、妻の兄弟姉妹を選んでいくというものがある。

「俺は兎だぞ、白いぞ！／俺はホロヴォードの輪の中を歩いて、／見るぞ、眺めるぞ、／全員を、／金持ちの舅を探しているぞ。／見つけたぞ、見つけたぞ、／金持ちの舅を。／あんたは俺の舅になあれ、俺はあんたの婿になる」。最後に兎は可愛い花嫁を選び、キスをして終わりとなる。

こうした遊びを通して、青年と娘は特定の「ペア」を形成していく。集いにやって来た青年はペアになった娘のそばに座ったり、娘を膝に乗せたりして、かなり親密な時間を過ごす。一度ペアが成立すると、青年も娘もほかの相手を選べない、というのが建前であるが、そこは恋愛であるから実際にはいろいろなことが起こる。特に娘が夜の集いで別の青年を選ぶと、しばしば喧嘩が起こったという。

かつてのロシア農村では、若者たちがペアを形成することはほとんど義務的なものであった。しかし、こうして形成されたペアがキスや抱擁以上の肉体関係を持つことは認められていなかった。実は

屋外での遊びの集い。20世紀初頭、アルタイ地方ブフタルマ川流域（ロシア民族学博物館所蔵）

若者の集いには、若者以外の人々が臨席することもあった。若者の集いに若い既婚者も出席するという地域はかなり多く（ただし未婚者とは異なる行動規範を求められる）、また集いの場所を提供した娘の家族や寡婦たちも、若者たちの言動に聞き耳を立てていた。時には参加年齢に満たない子どもたちもやって来たし（青年たちにつまみ出されることもあった）、そのほかの大人や老人たちが若者たちの行動を見守ることもあった。さらに、こうして形成されたカップルも、親の反対等で常に結婚できるわけではなかった。ペアの一方が結婚の約束を反故《ほご》にすることもあった。結婚前に娘の妊娠が発覚しても、責任を取ろうとしない青年もいた。そういう場合、娘は堕胎《だたい》を試みたり、未婚の母になったりするしかなかったが、未婚の母への世間の風あたりはきわめて強かった。

ソ連時代になると、若者の生活スタイルの変化とともに、彼らの集いもしだいに姿を変えていった。まず姿を消したのは手仕事の集いの方である。これは、青年たちのみならず娘たちも学校へ通い、さらに集団農場や工場などに就職していく中で、彼女たちが手仕事のために長い時間を割けなくなっていったからである。

これに対して遊びの会は、比較的長く保持された。ソヴィエト政権初期の一九二〇年代には、コムソモール員（共産党青年同盟メンバー）が若者の集いを「ソヴィエト」的啓蒙の場へと変えようと努力して、「赤いポシジェールカ」なるものを提案したり、実施したりしたこともあった。しかしそうした試みが成功を収めるのはなかなか難しく、多くの農村では従来からの遊びのスタイルがそのまま残された。第二次世界大戦後は農村風の名前や遊びが徐々に都会風のものに変わっていくが、それでも一九六〇年代ごろまでは、昔ながらの「ポシジェールカ」という名前を聞くことも珍しくはなかった。筆者が訪問したヴォログダ州のある村では、一九六〇年代になっても若者たちは昔と変わらず、家の中に長椅子（ベンチ）を丸く並べて座って遊んでいたと聞いた。アコーディオンを弾ける青年が輪の真ん中に出てきて音楽を奏でると、それに合わせてみんなで踊ったという。

現代ではさすがに、昔ながらの若者の集いはほとんど聞かない。しかしソ連時代に作られた「文化の家」や「クラブ」といった文化施設は現存しており、農村地域ではそれらの施設で週末の晩に「ディスコチェーカ」の会などが催されている。日本で言えば、公民館でディスコ大会を開催するようなものである。ロシア農村の「遊びの集い」の伝統は、こうした形で現代も存続していると言えるのではないだろうか。

［伊賀上菜穂］

村の婚礼

ロシア正教では、祭日や精進期の関係から教会で挙式できる曜日や期間が決められている。その影響で婚礼シーズンは大きく三つに分けられる。すなわち、春季（復活祭に続く「光明週間」が終わってからの約一カ月半）、夏季（七、八月）、そして秋・冬季（十月からマースレニツァの直前まで）である。しかしかつての農村で実際に婚礼が挙げられるのは、秋・冬季が多かった。これは春から夏のシーズンが農繁期にあたるためである。帝政時代の教会は、冬の婚礼シーズンの終わりにあたる一月末から二月にかけて、結婚駆け込み組で混雑したという。

帝政時代末期のロシアの婚礼の様子を調べると、貴族層や都市住民（特に富裕層）の儀礼と農民のそれとではかなり様子が違っていたことがわかる。十八世紀以来、ロシアの貴族たちはヨーロッパ風の文化を取り入れていくが、農民の間ではロシア風の儀礼が保持されていたからである。農民の婚礼は中世ロシアの雰囲気を残しつつ、「結婚の泣き歌」という特殊なジャンルを発達させた、かなり特徴的なものだった。二十世紀前半に活躍したロシアの音楽家ストラヴィンスキイは、バレエ曲《結婚》を作曲しているが、その独特の暗さと迫力はロシア農村の儀礼に由来している（もちろん作曲家と演出家の独自のアレンジも効いているのだが）。

帝政末期の農村の結婚儀礼には、細部において地域ごとにさまざまな違いがあったので、ここではより一般的な流れを簡単に示したい。

当時のロシア農村では、妻が夫の実家に移り住む「嫁入り婚」が主流だった。普通、花婿側の依頼を受けた仲人が花嫁の家を訪ねることで、結婚の話し合いが始まる。場合によっては、手仕事や遊びの会、または日々の生活で懇《ねんご》ろになったカップルが、あらかじめ結婚を約束し、それを青年の両親が認めることもあったが、そうしたケースでも、形式上は仲人を送ることが必要だった。ましてや、花婿と花嫁が一度も会ったことがない場合には、仲人の役割が非常に重要になる。

仲人は男女のどちらでもなりえたが、どちらにせよ最初は普通のお客を装ってやって来る。多くの場合、彼らは間接的に結婚申し込みをほのめかす。今日に至るまでよく知られている表現は、「私たちは商人です。お宅には商品があります。お宅に買いに来ましたよ」というものだ。花婿側が商人、花嫁が商品というわけである。これを聞くと、娘の親はたいてい、結婚の申し込みだと気づく。いい話だと思えば話を続けるし、気に入らなければ「まだ商品を売るつもりはありません」などと言って断ってしまう。かつては娘に相談もせずに親たちだけで決めてしまうことも、珍しくはなかった。

結婚の申し込みのあと、双方の顔合わせや話し合いを経て結婚が正式に決まると、花婿の家では披露宴の準備が、花嫁の家では嫁入り道具や親族への贈り物の準備が進められる。花嫁の家には友人である娘たちが集まって、婚礼衣装や贈り物の準備を手伝いながら泣き歌をうたう。泣き歌は葬送儀礼から発達したもので、日本語では挽歌とも呼ばれている。婚約後、花嫁は外出を控えて女性の場所とされる台所にこもり、結婚式当日まで泣き歌をうたって暮らした。

結婚の泣き歌では、花嫁が家族や娘仲間と別れて、見知らぬ「他人」のもとへと去る悲哀が歌われる。泣き歌の中で花嫁は娘たちに、自分が「熱い涙に泣き濡れ」ていると語る。それは、処女の象徴として擬人化された「乙女の美」が、花嫁の「亜麻色のお下げを整え」たあと、「さようならも言わずに」怒ったように立ち去ったからである。やがて花嫁は未婚女性の印である一本編みのお下げを赤いリボンで飾ることができなくなるだろう。美しさの象徴である髪はやがて二本に分けて編まれ、頭に巻かれてスカーフでおおわれるだろう。そうして花嫁は既婚女性の生活に入っていくのだ。夫の家では舅や姑が「お起き、怠け者」と言って早朝に花嫁をたたき起こし、彼女は「熱い涙をさめざめと流し」「実のお父さんとお母さんを」思いながら、一人、畑で働くことになるだろう……。

こんな内容の歌がうたわれても、花嫁の両親が動揺することもなければ、花婿側が憤慨することもない。花嫁はたとえ結婚するのがうれしくてたまらなくても、泣き歌をうたわねばならなかったからだ。泣き歌の中で花嫁が結婚したくないと訴えると、友人や姉妹、そして母親が花嫁を慰めるが、それと同時に、結婚は不可避であり後戻りできないことをも強調する。葬送の泣き歌は死者を悼みつつ、死者をあの世へと送り出す役割を持っている。それと同じように結婚の泣き歌をうたうこともまた、花嫁が娘として死に、既婚女性として生まれ変わる、「死と再生」の儀礼なのであった。パターンを踏みながらも即興性の強い泣き歌をうたいこなすには、記憶力とともに才能も必要だが、若い娘にはそれがなかなか難しかった。泣き歌が発達した北ロシアでは、「泣き女」が雇われて花嫁の代わりに歌うこともあった。

ちなみに、日本でもよく知られているロシア歌謡《赤いサラファン》は、泣き歌ではないが、それと同じような内容を持っている。歌の中で娘は「お母さん、縫わないで、赤いサラファンを」と歌う。それに対して母親は、婚礼衣装である赤いサラファン（ジャンパースカートのような衣装）を縫いながら、若く楽しい日々は永遠ではないと語りかけ、結婚を受け入れるように諭すのである。

花嫁と娘たちの儀礼のクライマックスは、結婚式の前日に訪れる。多くの地域でこの日は「娘たちの会（ジェヴィーシニク）」と呼ばれていた。この日、花嫁と娘たちは身なりを整え、特別な泣き歌をうたう。また蒸風呂小屋がある地域では、有名な蒸風呂小屋の儀礼が行われる。娘たちが花嫁を蒸風呂小屋へ連れていって洗い、未婚女性の髪型である一本編みのおさげを解くのである。この儀礼の間、花嫁は未婚者でも既婚者でもない境界的な状況にあるため、呪術にかかりやすいとされている。結婚を快く思わない者がわざと落としていった呪いの品を花嫁が踏んでしまわないよう、娘の一人、あるいは招待された呪術師が、箒を持って花嫁の進む先を掃き清めていった。

A. I. コルズーヒン《ジェヴィーシニク》(1889)

結婚式当日、花婿たちは婚礼行列を作って花嫁を迎えにやって来る。婚礼行列には花婿のほかに、花婿側の代表を務める「トィシャツキイ（千人隊長）」や、花婿に付き添い披露宴を取り仕切る「ドルーシカ（付添人）」といった男性たち、そして花婿の兄弟や親族、友人である青年たちが加わる。花嫁宅に着いた花婿たちは、しばしば花嫁側から妨害を受ける。一番の抵抗を示すのは、花嫁の側にいる娘たちや花嫁の兄弟だ。花婿の付添人はお金や食べ物などを使って彼らを「懐柔」し、花嫁を「買い取る」。こうして売られた花嫁は花婿の側に座らされ、二人は花嫁の両親からイコン（聖像画）で祝福を受けた。

その後、二人は花嫁の父母に見送られて教会へと出発する。かつてのロシア農村では、新郎新婦の父母は教会挙式に出席せず、それぞれの家に留まる習慣があったのだ。教会挙式に参列する人々は、春や秋ならば馬車で、冬ならばそりに乗り、隊列を組んで教会へ向かう。この教会への道中、および教会からの帰り道は、呪術をかけられやすい危険な行程だと考えられていた。人狼伝説が信じられていた北ロシアでは、呪術師を怒らせてしまった婚礼行列の参加者たちが、オオカミに変えられて森の方へ走り去ったとする話が、近年までまことしやかに語り継がれてきた。花婿、花嫁の付添人の重要な役割の一つは、婚礼道中に仕掛けられている（かもしれない）呪術の罠から、花嫁と花婿を守ることとされていた。

婚礼行列が無事に教会へ着くと、司祭の前で花婿、花嫁の頭に冠がかざされ、二人の結婚が法律的に成就する。これはロシア正教会の挙式スタイルで、このあとすぐに花嫁の髪型を既婚者風に変える地域も多い。だが人々にとって本当に重要なのは、教会から戻ったあとに花婿宅で開かれる披露宴であった。花婿の家の前では彼の父母が丸パン（カラヴァイ）と塩、イコンを持って、婚礼行列の帰りを待っている。パンと塩は歓迎の印である。花婿・花嫁が父母から祝福を受けると、披露宴が始まる。泣き歌はもう歌われず、それまでとは一転して陽気な雰囲気に包まれる。人々は賛歌をうたって花嫁の美しさや花婿の凛々しさを褒めそやす。ロシア歌謡《カリンカ》のように、花嫁を赤く熟れたイチゴにたとえる歌もうたわれた。

披露宴に集まった人々がご馳走や踊りを楽しむ間、花婿と花嫁は何も口にせず、踊らず、静かに上座に座っている。時間が来ると二人は床入りのために退席する。

かつては床入りの後に花嫁の「純潔チェック」が行われていた。たとえば、翌朝に二人を起こした時、花婿の付添人が花婿にこう尋ねる。「泥に踏み込みましたか？　氷を割りましたか？」花婿が「氷を割った」と答えれば、花嫁は純潔だったということである。花嫁の純潔が証明されると、宴会に出される瓶に赤いリボンを付けたりして、その結果を公表することもあった。純潔が証明されなかった時は、花嫁の両親に恥をかかせることもあった。たとえば、花嫁の父に底が抜けたコップを持たせて、酒を注いだという。当然、この屈辱的な儀礼は花嫁側には不評で、二十世紀には多くの地域ですたれていった。

ロシア農村の披露宴は二〜三日、あるいはそれ以上続く。二日目の朝、花婿と花嫁（新郎・新婦）が無事に「本当の夫婦」になったことを祝ったあと、披露宴の場はしばしば花嫁の実家に移り、客たちもそこに移動して祝宴を続けた。こうして双方の親族が相互に訪問し合うなかで、婚礼は閉じられていく。そして新妻は夫の親や兄弟、妹たちが住む家で、新たな人生を歩み始めたのである。

［伊賀上菜穂］

COLUMN

女たちの被り物

ロシアの昔話に登場する娘たちはしばしば長い髪を三つ編みに結っている。豊かな髪、長いお下げ髪は美しい娘の象徴とされた。娘たちは髪の美しさをいっそう際立たせるような、ヴェネッツと呼ばれる冠型の、頭頂部をおおわない飾りを頭につけた。造花や羽根やビーズなどで飾られたヴェネッツを額から両側にハチマキのように回して首筋で結んだ。両端はビロードやレースなどの長いリボンが縫いつけられていた。ヴェネッツは古くから用いられていたが、十九世紀にはおもに祭日や結婚式の被り物となった。

ヴェネッツ

結婚を機に女たちの被り物は髪をすっぽりおおう形に変わる。既婚の女は周囲の人に髪を見せてはいけない習わしだった。髪を見られるのは恥ずかしいことであり、凶作や病気など災いをもたらすと考えられていた。

既婚の女たちの被り物は時代や地域によって異なった。一枚の大きな布を巻きつけて頭全体をすっぽりおおうだけのものから、高価な飾りのついた凝ったものまで変化に富んでいる。その中でも、ココーシニクと呼ばれる北部ロシアの被り物はよく知られていた。円筒形の帽子の額の部分に扇を広げたような、あるいは高く上に突き出たような形の飾りを縫いつけたものである。樹皮や硬く糊

ココーシニク

づけした布、厚紙などで形を作って絹やビロードでおおい、さらにビーズ、造花、羽根、刺繍、金襴《きんらん》、あるいは真珠などを飾った。ココーシニクやソローカの上にさらに薄いショールを被ることもあった。

ソローカは南部ロシアでよく見られた被り物で、やはりさまざまな飾りのある豪華なものであった。髪をおおう本体部分と、額、左右の側面、首筋をおおう各部分を組み合わせるのが特徴である。ソローカの中には頭の上に角を二本立てたような形のキーチュカと呼ばれるものもあったが、角は悪霊から母子を守ると考えられた。

ソローカ

キーチュカ

このような高価な被り物は十九世紀後半には次第に祭日や結婚式の被り物となっていった。

日常生活ではポヴォイニクと呼ばれる柔らかい帽子のようなもので髪をおおい、その上にプラトークと呼ばれるショールを被るようになった。プラトークは正方形の布で、最初はほかの被り物と一緒に用いられたが、十九世紀末から二十世紀初めには独立した被り物として用いられるようになった。工場生産された大小さまざまなウール、絹、亜麻、木綿などのプラトークが普及した。防寒用に何枚も重ねて身に着けることもあった。

［青木明子］

プラトーク（図はすべて『ロシアの伝統衣裳』（一九九八）より）

保存食作り

ロシアの冬は長く厳しい。十一月に入れば大地は雪におおわれる。こんな土地に住む人々にとって、十分な食べ物を用意して、安心して冬を迎えることは何より大切なことである。ロシアにおける保存食作りの伝統は古い。十五〜十六世紀にかけて書かれたロシアの家庭訓『ドモストロイ』には、正教徒としての義務、家族生活の規範などと並んで家政についての記述もあり、当時どのような保存食が作られていたのかがわかる。それによると、豚肉は塩漬け、牛肉、魚、キノコは干すか塩漬け、キャベツ、ビーツ、キュウリ、レモン、スモモも塩漬けに、またイチゴとサクランボは塩漬けか蜂蜜漬け、リンゴとナシは塩漬けか蜂蜜漬けかクワス漬け、コケモモはジュースにすべきことが書かれている。こうした保存食と合わせて、ライ麦、小麦、燕麦、大麦、ソバ、麦芽、エンドウなども一年中困ることのないように蓄えておかなければならない、と記されている。貯蔵には穴倉や氷室《ひむろ》が使われた。この時代はフルーツまで塩漬けにされていたというのが興味深い。

R・E・F・スミスとD・クリスチャンの『パンと塩』によると、ロシアの農民の食生活は本質的には何世紀にもわたって変化がなかったが、十九世紀に入るといくつかの変化が起こる。そのひとつは砂糖である。塩は十九世紀にももっとも重要な保存料であり続けたが、伝統的な甘味料でかつ保存料であった蜂蜜は、徐々に砂糖にとってかわられた。またかつてはカブが食生活において非常に重要な位置を占めていたが、十八世紀に入ってきたジャガイモが定着したことも十九世紀の大きな転換である。

ソ連時代に入ると、電化に伴い冷蔵庫やフリーザーが普及したが、今でも穴倉や氷室は使われ続けており、冬のための保存食作りも行われている。筆者は二〇〇二年以降、フィールド調査のためにロシア北部およびシベリアの農村に何度も行っているが、春から秋の間、人々が暇さえあれば熱心に食糧備蓄に励んでいるのに驚かされた。ジャガイモ栽培、家庭菜園での野菜作り、森での野生のベリー類やキノコの採集、川や湖での漁など、人々はいつも忙しく、その備蓄量は日本の常識に比べて桁違いに多い。冬間近になると、保存食作りはラストスパートに入る。

以下では、二〇〇五年にロシア北西部のカレリア共和国の村で調査していた時の記録から、あるロシア人家庭で秋の終わりに食糧保存のためにどのような仕事をし、どれだけの保存食を作ったのかを一例として紹介したい。一家の構成は、ご主人ウラジーミル（六十代、年金生活者）、奥さんのスヴェトラーナ（五十代、鉄道員）、十六歳の息子の三人、プラス犬一匹、猫一匹である。私はここでホームステイさせていただきながら参与観察を行った。

十月二日　夫妻が瓶詰づくりを行う。家には、大なべ、何種類ものガラス瓶、熱い瓶をつかむためのトング、瓶を密閉するためのアルミの蓋など、さまざまな道具がそろっている。この日は、トマトの瓶詰二種（丸ごとのものとペースト状のもの）、トマトとパプリカとペポカボチャ（薄緑で大根ほどの大きさ）を煮てまぜたサラダの瓶詰（トマトはペースト状、そのほかは二～三センチの大きさに刻まれている）、豚肉を四～五時間煮込んで作る肉の瓶詰を作った。トマトの瓶詰は三リットル瓶四つ、サラダは半リットル瓶十四個、肉の瓶詰は半リットル瓶十個になった。家庭菜園の収穫はすでに終わっているため、材料はすべて商店で購入したものである。瓶詰を作るのは、冬は野菜が高くなるので、安い間に作っておいて節約したいから、そして自家製の瓶詰は買ったものよりもおいしいからだという。家の床下の貯蔵庫には、冬に備えてすでに四百以上の自家製瓶詰が並んでいるらしい。

十月三日　スヴェトラーナが友人夫婦とともにツルコケモモ摘みへ行く。場所は自宅から車で一時間程度行き、さらに四十五分ほど歩いた森の中。コケモモは沼地に生えるが、多い時には沼一面が赤くなってどこに足を踏み出していいかわからないほどになるという。ピークは九月で、この日はもう残り物だとのことだったが、それでも十分な量があった。三時間ほどの間に、筆者とスヴェトラーナはあわせて八リットル、友人夫妻は十リットル摘んだ。たまたまコケモモの群生地にも行きあたったので、これも一リットルほど摘んだ。こうしたベリー類はジャムやジュースにしたり、そのまま冷凍したりして保存される。

大なべで煮たトマトの瓶詰を取り出す（撮影：筆者）

十月七日　スヴェトラーナが再びサラダの瓶詰を作った。材料はペポカボチャ四キロ、トマト二キロ、ニンジン一・二キロ、タマネギ一・二キロ。ニンジンはスライサーで千切りに、そのほかは二〜三センチ角に切った後、大きな金たらいでまぜて、塩百グラム、砂糖四百グラム、植物油四百グラムを加える。これで半リットル瓶十六個分のサラダのでき上がり。その横で筆者は、バケツ一杯のツルコケモモのゴミ取りをした。数日前に森で摘んだ分だけでは冬の準備に足りないので、これは別の村人から買い取ったものである。

十月八日　ウラジーミルが漁でとってきた十匹ほどの魚の頭と内臓とウロコをとって開き、冷凍にした。彼は天気が良い日にはほとんど毎日、ボートで湖に出る。岸から四キロのところに仕掛けた網に魚がかかっていないか見にいくのだ。家はヨーロッパ最大の湖ラドガに面しており、ウラジーミルは窓からいつも天気と湖の様子を気にかけている。漁で持ち帰られる魚は日々の食卓に上ると同時に、冬のためにフリーザーに貯蔵される。一家には大型冷蔵庫とは別に、それと同じぐらいの大きさのフリーザーがある。

十月九〜十日　スヴェトラーナが十キロのトマトをまるごと煮て瓶詰にした。今日の瓶詰には、近所の人の庭で摘ませてもらったハーブがたっぷり入っている。

十月十一日　スヴェトラーナが今日もサラダの瓶詰作り。細切りのパプリカ、櫛切りのタマネギ、スライサーでみじん切りにしたニンジンをトマトと煮込む。トマトが煮崩れて、大きな金だらい一杯分の真っ赤なサラダができた。

十月十二日　近隣の村の農場に注文しておいたキャベツが百キロ届いた。これは来週、満月の夜にすべて塩漬けにする予定。満月の日は何かを作ったりする場合、もっともうまくいく日だとのこと。瓶詰作りは失敗すると、中身が腐ったり蓋が開いてしまったりする。百キロものキャベツで失敗すると大損害なので、作業日は慎重に選ばなければならない。

十月十五日　ウラジーミルが漁にでかけたが、大豆大の雹が降り、大波で、獲れたのは百五十グラムのコイ科の淡水魚一匹のみ。これは「つまらない魚」なので猫の餌になった。悪天候が続くと三〜四日、長い時には二週間も網を見にいけないこともある。この一カ月は天気が悪い日が多く、週に一

〜二回しか漁に出ていない。
十月十六日　スヴェトラーナが友人にもらったリンゴ約五キロを砂糖で煮た。六リットル半のジャムができて十五の瓶に詰めた。
十月十七日午前　ウラジーミルが漁に行き、スズキ、カワメンタイなどを二キロ弱持ち帰った。家を出てから帰るまでの所要時間は三時間半。今日は波はなかったが、水が冷たく手が凍えたという。去年はウスリーシロザケが大漁で、去年の同じ時期には冷蔵庫の冷凍室も、冷蔵庫と別に備え付けているフリーザーも満杯になり、どこに魚をしまっていいのかわからないぐらいだった。しかし今年は不漁で、ラドガ湖での漁は年々悪くなっているとのことである。失業者が増えたせいで、食べるために漁師をする者が増えたことも一因らしい。
十月十七日夜〜十八日　十七日が満月だったので、百キロのキャベツの塩漬け作りがはじまった。キャベツを巨大なスライサーで千切りにし、ベビーバス大の容器の中で千切りのニンジンとまぜ、塩をもみこんでいく。これを樽に入れて放置しておくと、キャベツの中にいる乳酸菌が働きだし、発酵がはじまる。キャベツは去年も百キロ漬け、冬になってから食べ始めて八月はじめに食べ終わったという。
十月十九日　発酵したキャベツから出たガスが外に出ていくように、この日以降、毎日三〜四回キャベツを麺棒で突く。この日もウラジーミルは湖へ行き、スズキ、カワメンタイなどを約二キロ持ち帰った。より大きな魚がかかるように新しい網を設置したこともあって、本日の漁の所要時間は五時間。
十月二十二日　昼ごろ、ウラジーミルが漁にでかける。出かける際は素晴らしい天気だったが、湖で急に天気が変わり、恐ろしい波だったとのこと。獲れたのはスズキ、カワカマスなど二キロ弱。
十月二十三日　夫妻が塩漬けキャベツの瓶詰作業を行った。三リットル瓶三十一個をきれいに洗い、「神よ、祝福したまえ」と祈りの言葉を唱えた後、たっぷり汁が出たキャベツを手で押し込むように瓶に詰めた。地下貯蔵庫で十二月まで熟成させれば、すっぱくておいしいキャベツになる。
十月二十四日　ウラジーミルが漁に出て、カワカマス、スズキ、カワメンタイなど合わせて四キロを持ち帰った。これとは別に、網にかかってから時間が経っているせいで食べられない魚も四キロあった。
その後まもなく初雪が降り、すっかり冬景色に変わった。湖も凍り、この年の漁は終わった。フリーザーには去年よりは少な目だが魚が蓄えられている。庭先の穴倉（縦横高さ各二メートル程度の地下室で、温度は一定に保たれる）には山ほどのジャガイモがある。床下貯蔵庫には数百もの色とりどりの瓶詰がある。あとは春まで、暖房の効いた温かい部屋で瓶詰を順に開けていけばいい。開けるたびに瓶の中からあふれ出る夏の香りを楽しみながら、長い冬を過ごすのである。

手作りの保存食が並ぶ新年のお祝いの席（撮影：筆者）

［藤原潤子］

紅茶

ロシアの飲み物というとロシアン・ティーが挙げられることが多い。砂糖の代わりにジャムを入れるものを想像される方も多いが、ロシアではジャムをスプーンですくって食べながら紅茶を飲むことはあっても、中に入れるというのはまれだ。

ロシアで紅茶は比較的新しい飲み物であり、飲まれるようになったのは十六世紀半ばのことである。当初は風邪の予防薬として用いられた。紅茶が飲まれる以前は果物やベリー類の葉などを煮出したものを飲んでいた。

サモワール（撮影：冨田マルガリータ）

ロシア流紅茶の楽しみ方は、お茶を濃く煮出してポットに入れておき、サモワールと呼ばれる湯沸かしのお湯で薄めて飲む。このサモワールは紅茶とともに人と人とを繋ぐ団欒《だんらん》の一部として、ロシア人にとって必要不可欠なものとなっていった。

ウォッカ

お茶以外でロシアの代表的な飲料としてはウォッカがしばしば挙げられる。ウォッカの語源はロシア語で水を意味する「ヴォダー」であり、ウォッカの色も水と同様に無色透明である。大麦、ライ麦、小麦といった穀類から作られる蒸留酒で、ロシア人＝酒飲みというイメージが作られたのもウォッカによるところが大きい。

ソ連時代には物資の不足や飲酒制限のせいでサモゴンと呼ばれる密造酒が出回ることになったが、

サモゴンという語が密造酒という意味で使われるようになったのはおもに革命後のことであり、もともとはブドウ酒の一番搾りという意味で用いられていた。

農村ではこのウォッカを単なるお酒としてではなく、結婚式や葬式などさまざまな場面、大きな祭日を祝う時に飲んだ。特に結婚におけるウォッカの重要性は高く、仲人を介した求婚がうまくいったことを祝う席で飲まれたり、北ロシアでは花嫁の身体を清めるための儀式である蒸気浴の場でも飲まれた。現代日本でも日本酒を神棚に捧げたり、結婚式や正月に飲んだりするが、ウォッカもまたそれと同様の儀礼酒であった。こうした傾向はブドウが育たず、ブドウ酒の入手が困難な地域に特に見られる。

蜂蜜酒

ウォッカよりも古くから存在していたのが蜂蜜酒である。結婚してからの一カ月をロシアでも蜜月と呼ぶがこれは中世ロシアで結婚した夫婦に対してひと月分の蜂蜜酒を贈ったのが由来とされる。また英雄叙事詩でも宴の席には蜂蜜酒はつきものであるし、昔話につきものの結句にも登場する。現代ロシアでは蜂蜜酒は頻繁に飲まれるとはいえないが、十七世紀ごろまではロシア人のよく飲む酒だった。そのためフォークロアには昔のロシア人が愛飲していたことを示す痕跡が多く残っている。

クワス

子どもも大人も楽しめる飲み物でおそらくもっともロシアで普及し、日常的に飲まれていた飲み物だった。小麦粉と麦芽、あるいは乾燥させた黒パンと香草、蜂蜜などを加えてつくられる微アルコール飲料で、ビーツや果物、ベリーなどからも作られることがある。またオクロシカと呼ばれる冷製スープの材料としても用いられる。農村ではお客を迎える際に振る舞われたり、ウォッカと同様に結婚式の花嫁の蒸気浴の儀礼で飲まれたりもしている。

［山田徹也］

チャイコフスキイ《四季》――秋

ロシアの秋は短い。だからこそロシアの人々は「黄金の秋」と愛でる。小品集《四季》の中でも、紅葉が美しい日本の秋のような清々しい気候は九月だけ。十月はすでに落葉し、初雪を迎えて雪原の十一月となる。

九月「狩り」
時間だ　時間だ！　角笛が響く
狩支度の男たちは
すでに夜明けには馬に跨がり
繋がれた猟犬たちが飛び跳ねる
A・プーシキン

収穫を無事に終えたあとは、しばしの娯楽の時がやって来る。無論それは貴族たちの話で、農民にはまだまだ農作業が残っている。でも、ここらで一息入れようじゃないか！　われわれ貴族の最大の娯楽は狩りだ。角笛を吹き鳴らせ、馬を用意しろ！　出発だ！――まさにプーシキンのエピグラフ通り、着飾った男たちのそんな声が聞こえてきそうな一曲である。唐突に入る間奏的な中間部で描かれているのは、クンクン嗅ぎ回る猟犬か、逃げる哀れな獲物たちか。いずれにしても、一見単純な構造の中にさまざまな物語が隠れている一曲である。

十月「秋の歌」

秋　哀れな庭は落ち葉におおわれている
黄ばんだ木の葉は　風に舞い落ちている……

A・K・トルストイ

チャイコフスキイの全作品中もっとも愛されている小品で、《四季》が必須課題曲となっているチャイコフスキーコンクール・ピアノ部門でもピアニストたちから断トツの人気を誇っている。その理由は、音が少なく簡潔・素朴であるにもかかわらず、チャイコフスキイの豊かな抒情性がもっとも顕著に表出している傑作で、技巧的ではなく音楽的な難易度がきわめて高いからかもしれない。ロシアの十月は雨や冷え込みなど悪天候に見舞われることが多く、「秋の歌」と題されてはいるが、すでに「黄金の秋」は過ぎ去り、チャイコフスキイはすべての生命が無に帰る寂寥の秋を描いた。

10月「秋の歌」冒頭

「ここではすべてが緩慢で陰鬱で沈痛でなければならない」とは《四季》の名演を残したピアニスト、イグームノフの言葉。これは実際の風景にもその中にいる人間の感情にも当てはまるかもしれない。短調の主部に対して中間部は長調で始まる。過去の楽しい想い出が蘇る一瞬だろうか。しかし再び陰鬱な日々が目の前に現れ、音楽は静寂の中へ消えていく。

十一月「トロイカで」

遥かな道を眺めて憂うな
トロイカの後を追うな
胸の内の哀しい予感は
かき消してしまいなさい

N・ネクラーソフ

初雪が降り、気温が氷点下になると、ロシアの人々は俄然元気になる。死の後には必ず新たな誕生が訪れる。すべての生き物はそうして命を繋いできたのだ。だから、悲劇の頂点たる十月の次は、新しい冬の訪れと民衆の喜びが音楽によって具現化されている。主部は果てしなく広がる雪原か馭者の朗々たる歌声か。中間部の滑稽な動きはトロイカ（三頭立て馬車・馬そり）に繋がれた馬の鼻息やら蹄の音やら。そして再現部ではその両方が聞こえ、チャイコフスキイがトロイカ自体を俯瞰《ふかん》して見ていることがわかる。一番最後の一音は目的地へ到着した馬が止まって吐く鼻息だという解釈すらある。ピアノ一台でこんなにも繊細で豊かな歳時記を描き切ったチャイコフスキイに感謝しよう。

［一柳富美子］

あとがき

　ロシアの農村に印刷されたカレンダーが普及し始めたのは十九世紀も後半のことでした。当時ロシアの出版王と呼ばれたイワン・スイチンが、民間人として初めて『ロシア国民カレンダー』を出版したのは一八八四年のことです。外国から取り寄せた輪転機を使って大量に印刷されたカレンダーは、行商人たちの手によって小間物や大衆本と一緒に広大なロシアの隅々にまで運ばれました。年間発行部数が六百万部にも上ったそうです。スイチンは自伝『本のための生涯』のなかでカレンダーについてこんなことを書いています。

「わたしはカレンダーを万能便覧として、生活のあらゆる機会に役立つ家庭用百科事典として考えていた。カレンダーにはあらゆることがなければならない。教会暦も、鉄道の駅も、経済のことも、疥癬の治療薬も、ロシアの国家機構についても、家畜の口蹄病についても」

　当時の人々にとってカレンダーは、教会の祭日や農作業の時期を示す暦であるだけでなくさまざまな知識を与えてくれるものであり、スイチンの言葉を借りれば、「世界をのぞく窓」であったとも言えます。

　本書『ロシアの歳時記』は「ロシア・フォークロアの会　なろうど」のメンバーたちがそれぞれの個性と専門性を生かして書いたエッセイ集です。ロシアの伝統的な生活文化や伝承（フォークロア）を中心に、文化、歴史、文学、音楽、自然など幅広いテーマに及ぶ内容になっています。二十世紀前半ごろまでのロシアを念頭に、全人口の大半を占めていた農民たちの生活様式や基本的な思考形態、自然観、農村に伝わる慣習や伝統行事などについて、季節ごとにテーマを選んで書き下ろしました。

各季節の最初に季節の特徴を表す概説があり、そのあとにそれぞれの季節を彩るいくつかのエッセイやコラムが続く構成になっています。冬から始まり春、夏、秋と進んでゆくと、農村生活の一年間のサイクルがたどれるようになっていて、季節の移り変わりと農作業や伝統的な行事などの一年の流れを示すカレンダーともなっています。

私たちの研究会は、前身の「ロシア・フォークロア談話会」を引き継ぎ、二〇一〇年に会員制の研究会として再出発しました。毎月の例会では文献資料や現地調査などに基づくさまざまな報告が行われています。研究の成果を発表する会誌『なろうど』も年二回のペースで発行し、二〇一八年四月で通算第七十六号を迎えました。『ロシアの歳時記』の企画もそのような研究会活動から生まれてきたものです。

『ロシアの歳時記』で扱っているのはひと昔前のロシアです。しかし現代においても古い生活習慣や伝統的な行事が根強く残っていたり、あるいは形を変えて受け継がれていたりするのを目にすることがあります。昔の生活について考えることが、今のロシアを理解することにもつながるかもしれません。この本がロシアを知るための一助となれば幸いです。

最後になりましたが、東洋書店新社の岩田悟さんには企画の段階から出版にいたるまで大変お世話になりました。この場をお借りしてお礼を申し上げます。

［青木明子］

事項さくいん

あ行

か行

さ行

た行

な行

は行

ま行

や行

ら、わ行

人名さくいん

あ行

か行

さ行

た行

な、は行

ま、ら行

主な参考文献

●ロシア語文献

Баранова О. Г. и др. Русский праздинк. Праздники и обряды народного земледельческого календаря. СПб., 2001.
Белов В. Лад. Очерки о народной эстетике. М., 1989.
Бернштам Т. А. Молодежь в обрядовой жизни русской общины XIX-начала XXв. Л., 1988.
Бутромеев В. П. Великая Россия. Иллюстрированный календарь русской природы. М., 2014.
Ведерникова Н. М. Русская народная сказка. М., 1975.
Виноградова Л. Н. Народная демонология и мифо-ритуальная традиция славян. М., 2000.
Власова М. Русские суеверия. СПб., 1998.
Воскобойников В. М. Энциклопедический православный словарь. М., 2005.
Даль В.И. Толковый словарь живого великорусского языка. 4-е издание / Под ред. И. А. Бодуэна де Куртенэ, СПб., 1912-1914.
Зеленин Д. К. Восточнославянская этнография. М., 1991.
Зеленин Д. К. Избранные труды. Очерки русской мифологии: Умершие неестественною смертью и русалки. М., 1995.
Зуев Д. П. Дары русского леса. М., 1988.
Коринфский А. А. Народная русь. Круглый год сказаний, поверий, обычаев и пословиц русского народа. М., 1994.
Круглый год. Русский земледельческий календарь / Сост. А. Ф. Некрылова М., 1989.
Макашина Т. С., Фролова А. В., Тучина О. А. Календарные и семейные праздники Русского Севера. М., 2011.
Максимов С. В. Куль хлеба и его похождения. М., 1982.
Максимов С. В. Нечистая, неведомая и крестная сила. СПб., 1994.
Народные русские сказки А. Н. Афанасъева. Т. 1-3. М., 1984-1985.
Некрылова А. Русский традиционный календарь. Каждый день и для каждого дома. СПб., 2007.
Повесть временных лет. Подгот. текста, пер., сост. и коммент. Д. С. Лихачева. СПб., 1996.
Поэзия крестьянских праздников / Сост. В. Г. Земцовский. Л., 1970.
Православие: Словарь атеиста / Под. общ. ред. Н. С. Гордиенко. М., 1988.
Пропп В. Я. Русские аграрные праздники. Опыт историко-этнографического исследования / Сост. и коммент. И. В. Пешкова. М., 2000.
Пчеловодство. Маленькая энциклопедия / Ред. Г. Билаш и др. М., 1999.
Русская изба. Иллюстрированная энциклопедия / Авт.-сост. Д. А. Баранов, и др. СПб., 1999.
Русские народные сказители / Сост. Т. Г. Иванова. М., 1989.
Русские сказочники / Сост. Э. В. Померанцева. М., 1976.
Русский народ. Этнографическая энциклопедия. Т. 1-2. / Сост. О. Платонов. М., 2013.
Русский праздник. Праздники и обряды народного земледьческого календаря. / Науч. ред. И. И. Шангина. СПб., 2001.
Русский традиционный костюм: Иллюстрированная энциклопедия / Авт. -сост. Н. Соснина, И. Шангина. СПб., 1998.
Скляревская Г. Н. Словарь православной церковной культуры. СПб., 2000.
Славянские древности. Этнолингвистический словарь. Т. 1-5. / Под общей ред. Н. И. Толстого. М., 1995-2012.
Соколова В. К. Весенне-летние календарные обряды русских, украинцев и белорусов XIX - начало XX в. М., 1979.
Стрижев А. Н. Календарь русской природы. М., 1993.
Терещенко А. В. Быт русского народа. Ч.IV-V. М., 1999.
Толстой Н. И. Каков облик дьявольский? // Язык и народная культура. Очерки по славянской мифологии и этнолингвистике. М., 1993.
Традиционные обряды и обрядовый фольклор русских Поволжья / Сост. Г. Г. Шаповалова и Л. С. Лаврентьева. Под ред. Б. Н. Путилова. Л., 1985.
Тульцева Л. А. Вьюнишники // Русский народный свадебный обряд. Л., 1978.
Черных А. В. Русский народный календарь в Прикамье. Праздники и обряды конца XIX - начала XX в. Ч.1. Весна, лето, осень. Пермь. 2006.
Шангина И. И. Русский традиционный быт. Энциклопедический словарь. СПб., 2003.
Шипов Я. А. Православный словарь. М., 1998.
Шмелев И. С. Лето Господне. Человек из ресторана. М., 2006.
Этнография Восточных славян / Отв. ред. К. В. Чистов. М., 1987.

●日本語文献

アファナーシエフ編『アファナーシエフ ロシア民話集(上・下)』中村喜和編訳、岩波書店、1987年。

伊賀上菜穂『ロシアの結婚儀礼:家族、共同体、国家』彩流社、2013年。

伊東一郎編『ロシアフォークロアの世界』群像社、2005年。

クリメント北原史門『正教会の祭と暦』群像社、2015年。

熊野谷葉子『ロシア歌物語ひろい読み:英雄叙事詩、歴史歌謡、道化歌』慶應義塾大学教養研究センター、2017年。

栗原成郎『ロシア民俗夜話:忘れられた古き神々を求めて(丸善ライブラリー)』丸善、1996年。

斎藤君子『ロシアの妖怪たち』大修館書店、1999年。

阪本秀昭編著『満洲におけるロシア人の社会と生活:日本人との接触と交流』ミネルヴァ書房、2013年。
R. E. F. スミス、D. クリスチャン『パンと塩:ロシア食生活の社会経済史』鈴木健夫他訳、平凡社、1999年。
中堀正洋『ロシア民衆挽歌:セーヴェルの葬礼泣き歌』成文社、2010年。

中村喜和編『イワンのくらしいまむかし:ロシア民衆の世界』成文社、1994年。

中村喜和「『百章』試訳(1)〜(3)」『一橋大学研究年報 人文科学研究』第29〜31巻、1991〜1994年。

日本民話の会編『決定版 世界の民話事典:読んで面白いひいてわかり易い(講談社プラスアルファ文庫)』講談社、2002年。

坂内徳明『ロシア文化の基層』日本エディタースクール出版部、1991年。

ウラジーミル・プロップ『魔法昔話の起源』斎藤君子訳、せりか書房、1985年。

同『昔話の形態学(叢書 記号学的実践)』北岡誠司訳、水声社、1987年。

同『ロシア昔話』斎藤君子訳、せりか書房、1986年。

同『ロシアの祭り』大木伸一訳、岩崎美術出版、1996年。

ダヴィド水口優明編著『正教会の手引』日本ハリストス正教会教団、2013年。

森安達也編『スラヴ民族と東欧ロシア』民族の世界史10、山川出版社、1986年。
V. A. リピンスカヤ編『風呂とペチカ:ロシアの民衆文化』齋藤君子訳、群像社、2008年。
『ロシア原初年代記』國本哲男ほか訳、名古屋大学出版会、1987年。

『ロシアの家庭訓(ドモストロイ)』佐藤靖彦訳、新読書社、1984年。

『ロシアの民話　1〜3』金本源之助編訳、群像社、2009、2010年。
N. ワース『ロシア農民生活誌 1917－1939』荒田洋訳、平凡社、1985年。
渡辺節子編訳『妖怪たちの世界:ロシア妖怪譚(ロシア民衆の口承文芸1)』ワークショップ80、1981年。

同『聖者たちと奇跡:ロシア宗教伝説(ロシア民衆の口承文芸2)』ワークショップ80、1981年。

同『伝説と世間話:ロシア伝説集(上・下)(ロシア民衆の口承文芸3-1、3-2)』ワークショップ80、1981年。

●図版出典

Максимов С. В. Куль хлеба и его похождения. М., 1982. (マクシーモフ『穀物袋とその往来』(1982))
Русский праздник. Праздники и обряды народного земледьческого календаря. / Науч. ред. И. И. Шангина. СПб., 2001. (『ロシアの祭り』(2001))
Русский север. Этническая история и народная культура XII-XX века / Отв. ред. М. Власова М., 2004. (『北ロシア』(2004))
Русский традиционный быт. Энциклопедический словарь. СПб, 2003. (『ロシアの伝統生活百科事典』(2003))
Русский традиционный костюм: Иллюстрированная энциклопедия / Авт. -сост. Н. Соснина, И. Шангина. СПб., 1998. (『ロシアの伝統衣裳』(1998))

祭日一覧 ※(　)内は旧暦。太字は正教会の祭日、それ以外は民間の祭日。カバー裏の早見盤も参照下さい。

●固定祭日

- **12月4日(11月21日)**　**聖母進堂祭**[十二大祭]
- 12月9日(11月26日)　秋のエゴーリイ(ユーリイの日)
- 12月19日(12月6日)　冬のニコラ
- **1月6日(12月24日)**　**クリスマス・イヴ**(降誕祭前夜)
- **1月7日(12月25日)**　**クリスマス**(降誕祭)[十二大祭]
- 1月7日～1月18日　スヴャートキ(クリスマスから洗礼祭前夜までの12日間)
- 1月14日(1月1日)　旧暦の新年
- **1月19日(1月6日)**　**洗礼祭、神現祭**[十二大祭]
- **2月15日(2月2日)**　**迎接祭**[十二大祭]
- 3月14日(3月1日)　春のエヴドーキヤの日
- **3月22日(3月9日)**　**四十人の受難者の日**(ソーロキ、ジャーヴォロンキ(ヒバリの日))
- **4月7日(3月25日)**　**聖母福音祭**[十二大祭]
- 5月6日(4月23日)　春のエゴーリイ(ユーリイの日)
- 5月22日(5月9日)　春のニコラ
- 7月6日(6月23日)　アグラフェーナ・クパーリニツァ
- **7月7日(6月24日)**　**イワン・クパーラ**(聖ヨハネ祭)
- **7月12日(6月29日)**　**ペテロとパウロの日**(ペテロの日)
- 8月2日(7月20日)　イリヤの日
- **8月14日(8月1日)**　**十字架出行祭**
- 同日　第一のスパス(蜂蜜のスパス)
- **8月19日(8月6日)**　**主の変容祭**[十二大祭]
- 同日　第二のスパス(リンゴのスパス)
- **8月28日(8月15日)**　**聖母就寝祭**[十二大祭]
- 同日　オスポジンキ(収穫祭)、オセニーヌィ(秋迎え)
- 8月29日(8月16日)　第三のスパス(穀物とナッツのスパス)
- **9月11日(8月29日)**　**聖ヨハネの斬首祭**
- 9月14日(9月1日)　セミョーンの日(夏送りのセミョーン)
- **9月21日(9月8日)**　**聖母誕生祭**[十二大祭]
- 同日　オスポジンキ(収穫祭)／オセニーヌィ(秋迎え)
- **9月27日(9月14日)**　**十字架挙栄祭**[十二大祭]
- 10月14日(10月1日)　聖母庇護祭(ポクロフ)
- 11月14日(11月1日)　クジマとデミヤンの日

●移動祭日

- マースレニツァ
  復活祭が最も早い年　2月8日～2月14日／復活祭が最も遅い年　3月14日～3月20日
- **聖枝祭**[十二大祭]
  復活祭が最も早い年　3月28日／復活祭が最も遅い年　5月1日

・**受難週間**(聖枝祭に続く1週間)
復活祭が最も早い年　3月28(29)日～4月3日／復活祭が最も遅い年　5月1(2)日～5月7日
・**復活祭**
4月4日(3月22日)から5月8日(4月25日)までのいずれかの日曜日(532年ごとに繰り返される)
・**光明週間**(復活祭に続く1週間)
復活祭が最も早い年　4月4(5)日～4月10日／復活祭が最も遅い年　5月8(9)日～5月14日
・**フォマー週間**(光明週間に続く1週間)
復活祭が最も早い年　4月11日～4月17日／復活祭が最も遅い年　5月15日～5月21日
・**フォマーの日**(クラースナヤ・ゴールカ)(フォマー週間の日曜日)
復活祭が最も早い年　4月11日／復活祭が最も遅い年　5月15日
・**ラードニツァ**(フォマー週間の火曜日)
復活祭が最も早い年　4月13日／復活祭が最も遅い年　5月17日
・**昇天祭**[十二大祭](復活祭後40日目の木曜日)
復活祭が最も早い年　5月13日／復活祭が最も遅い年　6月16日
・セミーク(復活祭後47日目の木曜日)
復活祭が最も早い年　5月20日／復活祭が最も遅い年　6月23日
・**聖霊降臨祭**[十二大祭](復活祭後50日目の日曜日)
復活祭が最も早い年　5月23日／復活祭が最も遅い年　6月26日
・**聖霊の日**(聖霊降臨祭の翌日の月曜日)
復活祭が最も早い年　5月24日／復活祭が最も遅い年　6月27日
・**諸聖人の日**(聖霊降臨祭の次の日曜日)
復活祭が最も早い年　5月30日／復活祭が最も遅い年　7月3日

●斎期　一定の期間がある斎期は年に四回ある。

・フィリップの斎
11月28日～1月6日
・大斎
復活祭が最も早い年　2月15日～4月3日／復活祭が最も遅い年　3月21日～5月7日
・ペテロの斎(諸聖人の日の翌日からペテロとパウロの日の前日まで。復活祭が早いか遅いかで斎の長さは毎年ちがう。もっとも少ない時は8日、多い時は42日つづく)
復活祭が最も早い年　5月31日～7月11日／復活祭が最も遅い年　7月4日～7月11日
・ウスペンスキイの斎
8月14日～8月27日

※祭日の名称について
本書で用いる祭日の名称は、慣例を優先し、日本正教会が用いる名称と必ずしも一致しない。日本正教会での呼び名とは以下のように対応している（主な祭日のみ。日本正教会の呼び名／本書の呼び名の順）。

生神女進堂祭／聖母進堂祭、主の降誕祭／クリスマス、神現祭・主の洗礼祭／神現祭・洗礼祭、主の迎接祭／迎接祭、生神女福音祭／聖母福音祭、聖枝祭／聖枝祭、主の升天祭／昇天祭、五旬祭（聖神降臨祭）／聖霊降臨祭、前駆授洗イオアン誕生祭／イワン・クパーラ（聖ヨハネ祭）、首座使徒ペトル・パワェル祭／ペテロとパウロの日、主の顕栄祭（主の変容祭）／主の変容祭、生神女就寝祭／聖母就寝祭、 前駆授洗イオアン斬首祭／聖ヨハネ斬首祭、生神女誕生祭／聖母誕生祭、十字架挙栄祭／十字架挙栄祭、生神女庇護祭／聖母庇護祭

ロシア・フォークロアの会 なろうど について

40年ほど前、前身である「ロシア・フォークロア談話会」が、ロシアのフォークロア(民間伝承・民俗)に関心を持つメンバーにより発足。会誌『なろうど』1号の発行は1979年8月。2010年に新体制となり、会員制の研究会「ロシア・フォークロアの会 なろうど」として再出発しました。2018年4月現在、会員数は28名、会誌『なろうど』は年2回の発行(最新は76号)です。会員の専門分野や関心はロシアのフォークロアを中心に文学、音楽、自然、歴史など多分野に及びます。毎月の例会では会員がそれぞれの分野で発表を行い、最近の報告テーマは、ロシアの農民暦、農村の木造家屋、民族音楽、昔話・神話、復活祭、ロシア現地調査など。気軽に意見を言い合ったり、情報を交換したりすることができる会です。会誌の内容や購読希望、研究会や例会参加についてのお問い合わせはホームページ(http://narod.web.fc2.com/index.html)をご覧ください。

〈**編著者紹介**〉(50音順)。○印は編者

青木明子○:「履物」「養蜂」「亜麻と機織り」「女たちの被り物」「あとがき」。専門はロシア文学、フォークロアなど。

伊賀上菜穂:「放牧」「手仕事と遊びの集い」「村の婚礼」。専門はロシア史、民族学、文化人類学。

石川あい子:「土起こしと種蒔き」「春のパンさまざま」「草刈りと麦刈り」「脱穀」。専門はロシアの食物語彙。

伊東一郎○:「まえがき」「新年について」「スヴャートキの占い」「冬の門付け」「冬の民謡」。専門はロシア文学、スラヴ比較民族学、ロシア音楽文化史。

金沢友緒:「渡り鳥」「春雷」。専門はロシア文学・文化。

熊野谷葉子○:「防寒着」「春の外遊び」「基本の装い」「ペーチ」。専門はロシア口承文芸学、民俗学。

小林清美○:各章冒頭の概説、「ロシアの雪割草」「キノコとベリー」。専門はロシアの生物季節学。

塚崎今日子:「冬の妖怪 シュリクン」「ルサールカ」。専門はロシアの妖怪譚およびソヴィエト・フォークロア。

直野洋子:「ツリーとマロース爺さんと雪娘」「昔話」。専門はロシア昔話・神話。

中堀正洋○:「復活祭」「春の門付け」「先祖供養と泣き歌」。専門はロシア民俗学、スラヴ神話学。

中村喜和:「マースレニツァとブリヌイ」「斎期中の食事」。専門はロシア文化史。

一柳富美子:「音楽歳時記　チャイコフスキイ《四季》」。専門は音楽学(ロシア音楽専攻)、ロシア音楽史およびオペラ・声楽・ピアノ。

藤原潤子:「呪文」「保存食作り」。専門は文化人類学、ロシア文化研究。

三浦清美:「聖霊降臨祭」「イワン・クパーラ」。専門はスラヴ文献学。

山田徹也○:「蒸風呂小屋」「イリヤの日」「オヴィン」「飲み物」。専門はロシア民俗学。

渡辺節子:「墓に願いを」「聖なる水」。専門はロシア、日本のフォークロア研究。

ロシアの歳時記

編著者　　ロシア・フォークロアの会 なろうど

2018年6月1日　初版第1刷発行©

発行人　　揖斐 憲
発　行　　東洋書店新社
〒150-0043 東京都渋谷区道玄坂1-22-7 道玄坂ピアビル5階
電話 03-6416-0170　FAX 03-3461-7141

発　売　　垣内出版株式会社
〒158-0098 東京都世田谷区上用賀6-16-17
電話 03-3428-7623　FAX 03-3428-7625

装　丁　　伊藤拓希
印刷・製本　　中央精版印刷株式会社

落丁・乱丁本の際はお取り替えいたします。定価はカバーに表示してあります。
Printed in Japan　ISBN978-4-7734-2030-2